LE FRANÇAIS DU QUOTIDIEN

기초생활 프랑스어

이선희 지음

FRANCE

신아사

이선희

고려대학교 불어불문학과 졸업.

고려대학교 대학원 불문학 석사학위.

프랑스 파리 10대학에서 몽테뉴에 대한 연구로 불문학 박사학위.

현재 강원대학교 인문대학 불어불문학전공 교수 재직 중.

기초 생활 프랑스어

초판 1쇄 발행 _ 2020년 8월 20일

저 자 · 이 선 희
발행인 · 정 현 걸
발 행 · 신 아 사
인 쇄 · 토탈프로세스 / 한승
주 소 · 서울특별시 은평구 통일로 59길 4 (2층)
전 화 · (02) 382-6411 팩스 · (02) 382-6401
홈페이지 · www.shinasa.co.kr
E-mail · shinasa@daum.net
출판등록 · 1956년 1월 5일 (제 9-52호)

ISBN : 978-89-8396-519-6 (93760)

정가 15,000원

일러두기

4차 산업혁명이 주요 화두가 되고, 기계의 인지능력과 문제해결능력이 얼마나 대단한 것인지 더이상 놀랍지 않은 시대에 살고 있지만, 일상에서 사람들과 말하고 소통하는 즐거움은 어떤 것과도 바꾸고 싶지 않다. 더구나 그것이 한번도 배워본 적 없는 새로운 언어일 때, 그 언어에 대한 낯섦, 배우며 느끼는 어려움 그 이상으로 얻게 되는 소소한 재미는 인공지능 번역기가 주는 편리함과는 비교도 할 수 없다.

이 책은 프랑스어에 입문하는 학생과 일반인이 쉽게 접근할 수 있도록 일상생활에서 만나는 상황을 통해 프랑스어의 체계와 그 사용법을 소개하는 데에 목적을 둔다. 기초 단계의 프랑스어 어휘와 표현을 중심으로 프랑스어의 문법체계를 이해하는 한편, 프랑스인의 일상문화를 함께 접함으로써 프랑스 언어와 문학, 문화가 지닌 독자성과 다양성의 측면에 대한 이해를 돕고자 하였다.

이 책은 15개의 장으로 구성된다. 인사를 나누고, 자기를 소개하고, 자신의 이야기를 하는 것으로 시작해 다른 사람들과 소통하는 다양한 상황이 소개되어 있다. 각 장은 대화(Dialogue), 어휘(Les mots du dialogue), 문법(Grammaire), 표현(Formules utiles), 보충표현(Suppléments), 연습문제(Exercices), 문화(Culture)로 이루어진다. 학습자가 배우기에 너무 버겁지 않을 정도로 프랑스어 입문에 필요한 기초사항을 담으려고 노력했다. 이 책이 유쾌한 첫걸음이기를 바란다.

아울러 프랑스어를 통해 우리와 다른 한 사회를 바라보는 시야가 보다 넓어지기를, 우리 사회를 바라보는 시각이 더 날카롭고 성숙해지기를 바라는 것은 언어의 힘, 공유와 소통의 힘을 신뢰하기 때문이다.

목 차

Leçon 0

L'alphabet et la prononciation

프랑스어의 알파벳과 발음

I. 알파벳 익히기 (L'alphabet français)

다음 알파벳의 프랑스어 이름을 듣고 따라하세요.

철자	발음	철자	발음	철자	발음
A a	[ɑ]	B b	[be]	C c	[se]
D d	[de]	E e	[ə]	F f	[ɛf]
G g	[ʒe]	H h	[aʃ]	I i	[i]
J j	[ʒi]	K k	[ka]	L l	[ɛl]
M m	[ɛm]	N n	[ɛn]	O o	[o]
P p	[pe]	Q q	[ky]	R r	[ɛr]
S s	[ɛs]	T t	[te]	U u	[y]
V v	[ve]	W w	[du blə ve]	X x	[iks]
Y y	[i grɛk]	Z z	[zɛd]		

EXERCICES

1. 다음 로고를 읽어 보시오.

TGV

① ② ③ SNCF ④ SNCF ⑤ SNCF

ter ALSACE

RER A

RATP

BnF
Bibliothèque nationale de France

SNHLM
DEPUIS 1959
Société nationale des Habitations à Loyer modéré

MONTPELLIER
CHU
CENTRE HOSPITALIER
UNIVERSITAIRE

2. 다음의 약어를 읽어 보시오.

ONU – OCDE – FMI – ANPE

3. 자신의 이름, 자신이 아는 이의 이름 철자를 큰 소리로 말해 봅시다.

II. 프랑스어 발음 익히기 (La prononciation)

구분	발음 기호	철자	단어 (해당 발음이 나는 부분에 표시해 보세요.)
모음 Voyelles	[ɑ]	a - à - â	Paris, baguette, alarme, café, à, pâte, gâteau
	[ə]	e	leçon, petit
	[e]	é	bébé, école, président, armée
	[ɛ]	è - ê - ai	mère, père, kilomètre, fête, aide, frais
	[ø]	eu - œu	deux, vœu
	[œ]	eu - œ - œu	heure, œil, cœur, sœur
	[i]	i - î - y - ï	image, riche, militaire, île, symétrie, Thaïlande
	[o]	o - ô - au - eau	total, hôpital, autoroute, château
	[ɔ]	o - oo - u	forme, homme, automne, minimum, album
	[y]	u - û	bus, étude, volume, Russie, sûr
	[u]	ou - où - aoû	soupe, rouge, Séoul, où, août
	[ɛ̃] [œ̃]	in - im(+b, p) - ain - aim - ein - yn - ym en - ien un - um	Internet, information, impossible, pain, train, faim, plein, peinture, synthèse, thym coréen, bien, chien, italien lundi, parfum
	[ɑ̃]	an - am(+b, p) - en - em(+b, p)	France, chambre, enfant, septembre, emploi
	[ɔ̃]	on - om(+b, p)	Londres, long, nom, prénom, nombre, non, concombre
반모음 Semi-voyelles	[j]	i(+l) ou i(+ll)	travail, fille, bille
	[w]	oi - w	moi, toi, oiseau, croissant, toilettes, week-end, wifi
	[ɥ]	u(+i)	oui, cuisine, cuit, fruit

자음 Consonnes	[b]	b	bon, beauté, habiter, bonsoir, boulangerie
	[d]	d	danse, devoir, adieu, difficile
	[f]	f - ph	faux, fantôme, femme, feu, photo, philosophie
	[ʒ]	g(+e, i) - j	fromage, gigantesque, bonjour, journal
	[g]	g(+a, o, u) - gu	garçon, gomme, guitare, dialogue
	[k]	c(+a, o, u) - k - qu - ch	cacao, code, culture, kiosque, musique, psychologie, chrétien
	[l]	l - ll	limonade, livre, aliment, salade, ballade, salle
	[m]	m	mer, ami, maman, manger
	[n]	n	non, animal, nationalité, normal
	[ɲ]	gn	campagne, champagne, Espagne, espagnol, Pologne
	[p]	p	papa, papier, pain, Portugal
	[r]	r	art, lecture, amour
	[s]	s - ss - sc - c(+e, i) - ç - t(+ion)	sel, adresse, stress, science, centre, cinéma, leçon, nation, ambition
	[z]	s(모음사이) - x(모음사이) - z	télévision, maison, exercice, zèle
	[ʃ]	ch - sh - sch	chocolat, chance, shampooing, schéma
	[t]	t - th	table, tour, thé, théâtre, train
	[v]	v - w	vision, voiture, vélo, vin, wagon
	[ks] [eks]	cc exc - ex(+자음)	accepter excellent, exception, excuse, explication, exposition
	[egz]	ex(+모음)	examen, exercice, exemple

III. 프랑스어의 발음 규칙

❖ 철자, 단어의 발음

➢ 단어의 마지막에 오는 자음은 일반적으로 발음하지 않는다.

➢ 단어의 마지막에 오는 e는 그 앞의 자음/모음 소리가 난다. 이때의 e를 '무음의 e'라고 부른다.

➢ 철자 h는 발음할 때 소리가 나지 않는다. h에는 두 가지 종류가 있는데 전혀 소리가 나지 않는 h는 '무음의 h'(h muet)라고 불리며 모음으로 간주된다. 따라서 모음 축약이나 연음 등 모음에 적용되는 규칙에 따른다. 반대로 소리는 나지 않지만 호흡이 약하게 들어간 '유(기)음 h'(h aspiré)는 자음 취급된다. 유음의 h로 시작하는 단어는 무음에 비해 소수이다.

❖ 연음 (발음연결 La liaison)

➢ 자음으로 끝난 단어와 모음으로 시작하는 단어는 대체로 발음을 연결하며, 이를 '연음'이라고 한다. 주어 인칭대명사 복수형과 동사, 관사 복수형과 명사 등 연음을 반드시 해 주어야 하는 경우를 제외하고, 일반적으로 발음이 자연스럽게 연결되도록 연음을 하지만 여기에도 개인차가 있다.

IV. 프랑스어의 철자 규칙

❖ 악상(Les accents)

프랑스어에는 영어 식의 억양이 없다. 힘을 빼고 자연스럽게 리듬감을 가지고 발음한다. 프랑스어에서 '악상'이라고 하는 것은 발음의 강세가 아니고 철자의 하나로 이해해야 한다. 악상은 발음의 구별, 단어의 구별, 언어사적 변화 등 다양한 이유에서 형성되었다.

➢ l'accent aigu : é (예 café)

➢ l'accent grave : à, è, ù (예 à, mère, où)

➢ l'accent circonflexe : â, ê, î, ô, û (예 âge, être, fraîche, hôpital, août)

➢ la cédille : ç (예 français, leçon)

➢ le tréma : ë, ï (예 Noël, héroïne)

❖ 모음 축약(La contraction)

앞의 단어가 모음(대체로 -e, -a)으로 끝나고, 뒤에 오는 단어가 모음이나 무음의 h로 시작될 때, 앞 단어의 모음(e/a)이 탈락되고 여기에 생략부호인 아포스트로피(')를 붙여 단어를 축약한다. 프랑스어에서는 모음과 모음이 만날 경우 발음이 끊기는 것을 피하기 위해 변화가 생기는데 모음 축약도 그 일종이다.

다음 단어 뒤에 모음으로 시작하는 단어가 올 경우 모음 축약이 일어난다.

le, la, je, ce, que, ne, me, te, se

le air (X) → l'air

le homme (X) → l'homme

le hôpital (X) → l'hôpital

la eau (X) → l'eau

la école (X) → l'école

je ai (X) → j'ai

ce est (X) → c'est

que il (X) → qu'il

EXERCICE

다음 제시된 단어의 철자를 읽어 보세요. 그리고 단어를 발음해 보세요.

FRANCE – BELGIQUE – ALLEMAGNE – SUISSE – ITALIE – LUXEMBOURG – ESPAGNE – PORTUGAL – ANGLETERRE – IRLANDE – DANEMARK – TURQUIE – EUROPE

V. 수 (Les nombres)

0	zéro	1	un
2	deux	3	trois
4	quatre	5	cinq
6	six	7	sept
8	huit	9	neuf
10	dix	11	onze
12	douze	13	treize
14	quatorze	15	quinze
16	seize	17	dix-sept
18	dix-huit	19	dix-neuf
20	vingt	21	vingt et un
22	vingt-deux	23	vingt-trois
30	trente	31	trente et un
32	trente-deux	40	quarante
41	quarante et un	42	quarante-deux
50	cinquante	51	cinquante et un
60	soixante	61	soixante et un
70	soixante-dix	71	soixante et onze

72	soixante-douze	79	soixante-dix-neuf
80	quatre-vingts	81	quatre-vingt-un
82	quatre-vingt-deux	89	quatre-vingt-neuf
90	quatre-vingt-dix	91	quatre-vingt-onze
98	quatre-vingt-dix-huit	99	quatre-vingt-dix-neuf
100	cent	101	cent un
200	deux cents	201	deux cent un
1000	mille	2020	deux mille vingt

❖ 프랑코포니 (La Francophonie)

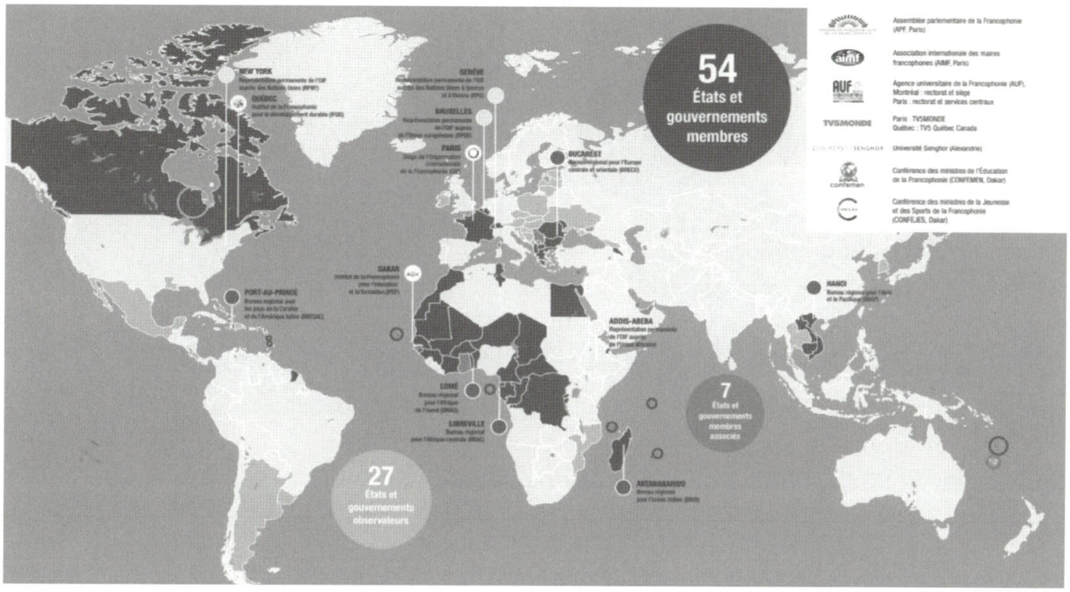

Organisation internationale de la Francophonie (OIF) (https://www.francophonie.org)

프랑스어를 공용어로 하거나 프랑스어와 프랑스문화를 공유하고 배우는 사람들 혹은 그 지역을 '프랑코포니' 혹은 '프랑스어권'이라고 한다. 2019년도 기준 전 세계에는 3억 명의 사람들이 프랑스어를 공유하는데, 이 가운데 9천만 명은 프랑스어를 모국어로 사용한다.

프랑스어 사용자는 유럽, 아프리카, 아메리카, 아시아, 오세아니아 다섯 대륙에 걸쳐 분포되어 있다. 프랑스어는 영어와 함께 유엔 국제기구, 국제올림픽연맹의 공식 언어이며, 유럽연합법원에서 유일하게 사용되는 언어이다.

프랑스어는 이처럼 국제기구에서 공식언어로 쓰이는 위상을 지녔을 뿐 아니라 프랑스어가 지닌 논리성과 세밀함 덕분에 전통적으로 외교 언어의 역할을 담당해 왔다. 현재 프랑스어의 활용은 학술, 과학, 문화, 예술, 무역, 언론 등 다양한 분야에 이른다.

https://www.francophonie.org

Leçon 1

Saluer

인사 나누기

DIALOGUES

Dialogue 1

- Bonjour, monsieur.
- Bonjour, madame.
- Bonjour, mademoiselle.

- Bonsoir, monsieur.
- Bonsoir, madame.
- Bonsoir, mademoiselle.

Dialogue 2

- Salut !
- Salut ! Ça va ?
- Oui, ça va bien. Et toi ?
- Moi, très bien.

Dialogue 3

- Allô ? Bonjour, c'est Jean.
- Ah, bonjour, Jean. Vous allez bien ?
- Oui, je vais bien. Merci. Et vous ?
- Moi aussi, je vais très bien.

Dialogue 4

- Bonjour à tous !
- Bonjour, professeur !
- Comment allez-vous ?
- Très bien. Et vous ?
- Je vais bien, merci.

LES MOTS DU DIALOGUE

moi 나 (강세형) toi 너 (강세형) vous 당신, 여러분 (강세형) monsieur 남성에 대한 존칭 madame (일반적으로) 여성에 대한 존칭 mademoiselle 미혼 여성에 대한 존칭 tous 모두 ça 그것 professeur 교사, 교수 aller 지내다, 가다 bonjour 안녕하세요, 안녕 bonsoir 저녁인사 (만날 때와 헤어질 때 모두 가능) salut 안녕 (친구, 가까운 사이) comment 어떻게 bien 잘 très bien 아주 잘 aussi 역시, 또한 merci 감사합니다	**aller** Je vais Tu vas Il va, elle va Nous allons Vous allez Ils vont, elles vont

FORMULES UTILES

❖ 인사하기 (Saluer)

➢ Bonjour / Bonsoir / Salut / Au revoir

누구를 만났을 때는 일반적으로 Bonjour ! 혹은 Bonsoir ! 라고 인사한다. jour는 해가 떠있는 낮시간을 의미하고, soir는 저녁시간을 의미한다. 몇 시까지 bonjour를 써야 한다는 원칙은 없으나 일반적으로 아침부터 해가 지기 전까지 사용한다. 단, bonjour는 만났을 때에만 사용하지만 bonsoir는 즐거운 저녁시간 보내라는 의미로 헤어질 때에도 사용할 수 있다.

Salut ! 친구, 가족 등 가까운 사이에서만 사용하며, 만나고 헤어질 때 모두 사용할 수 있다.

Au revoir ! 헤어질 때 쓰는 일반적인 인사말로 '또 만나요'의 의미이다. 헤어질 때 하는 인사는 이외에도 상황에 따라 여러 가지가 있다. 10과, 14과 헤어질 때의 인사표현 참고.

➢ Ça va ? / Comment allez-vous ?

상대방의 안부를 묻는 표현이다. Ça를 주어로 사용한 Ça va ?는 구어에서 많이 쓰이는 표현으로 '괜찮아 ?' '잘 지내 ?' 정도의 의미를 지닌다. Tu vas bien ? Vous allez bien ?과 같이 인칭대명사를 썼을 경우 상대방이 특정된다.

Ça va ? – Oui, ça va (bien / très bien). 잘 지내(요) ? – 잘 지내(요). /아주 잘 지내(요).

Comment ça va ? – Ça va (bien / très bien). 어떻게 지내(요) ? – 잘/아주 잘 지내(요).

Comment allez-vous ? – Je vais bien. 어떻게 지내세요 ? – 저는 잘 지내요.

EXERCICE

☞ 다음 그림을 보고 상황에 맞는 인사를 해봅시다.

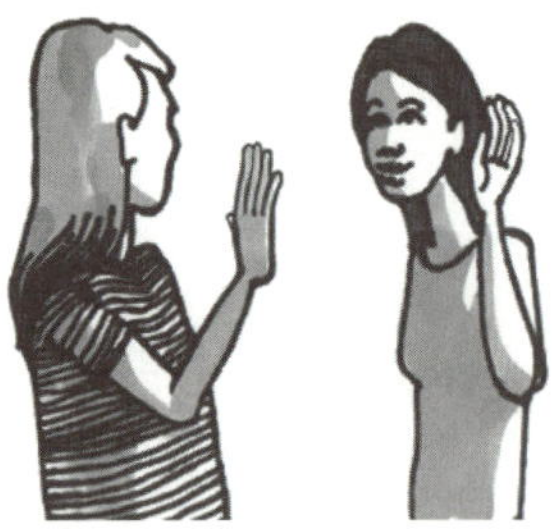

❖ 칭호 및 존칭

➢ Monsieur / Madame

보통 남성에 대해서는 monsieur라는 칭호를 쓴다. 여성을 대할 때에는 미혼과 기혼을 가리지 않고 존칭으로 madame을 사용한다. 만나거나 헤어질 때 인사를 할 경우, 호칭을 함께 넣는 것이 예의이다. 약칭을 쓸 경우, M. 이라 쓰고 monsieur라고 읽으며, M^{me}은 madame으로, M^{lle}은 mademoiselle로 읽는다. mademoiselle은 젊은 여성, 미혼 여성에 대한 존칭이지만 여성지위에 대한 문제가 제기되어 프랑스에서는 2012년 이후 여성 존칭을 madame으로 일원화하였다.

Gustave Courbet (1819-1877), *Bonjour Monsieur Courbet*, 1854, Musée Fabre (France, Montpellier).

➢ Toi / Vous

영어권과 마찬가지로 프랑스어에도 존대말이나 경어법은 별도로 없다. 프랑스어에서 Toi와 Vous의 구별은 무엇보다 상대방과의 친밀도에 따른다. 처음 만난 사람, 공식적인 관계, 존칭이 필요한 사이에는 Vous를 사용하지만, 가족, 친구, 동료 등 친밀한 관계에서는 Toi를 사용한다. Toi를 사용하는 데에는 나이, 촌수, 직급, 선후배 관계는 전혀 고려되지 않고, 전적으로 상호간의 친밀도, 거리감을 따르는 것이 특징이다.

- Bonjour !
- Bonjour !
- Je suis là.
- Qui es-tu ? Tu es bien joli...
- Je suis un renard.

(Antoine de Saint-Exupéry, *Le Petit Prince*, Gallimard, 1999, pp. 70-71에서 발췌.)

Leçon 2

Se présenter 1

자기 소개하기 1

DIALOGUES

Dialogue 1

- Bonjour ! Je m'appelle Hélène. Et vous ?
- Bonjour ! Je m'appelle Christophe. Enchanté !
- Enchantée !

Dialogue 2

- Je suis français. Et vous, vous êtes française ?
- Oui, je suis française.
- Voici mes étudiants. Lui, il s'appelle Rui. Il est portugais. Elle, elle s'appelle Alessia, elle est italienne.
- Bonjour, enchanté ! Vous aussi, vous êtes étudiante ?
- Non, je ne suis pas étudiante. Je suis photographe.

LES MOTS DU DIALOGUE

lui 그 (강세형)	**être**
elle 그녀 (강세형)	Je suis
	Tu es
un étudiant, une étudiante 대학생	Il est, elle est
un(e) photographe 사진작가	Nous sommes
	Vous êtes
enchanté, enchantée 반가운	Ils sont, elles sont
français, française 프랑스의, 프랑스 사람	
portugais, portugaise 포르투갈의, 포르투갈 사람	**s'appeler**
	Je m'appelle
italien, italienne 이탈리아의, 이탈리아 사람	Tu t'appelles
	Il s'appelle, elle s'appelle
être ~이다, ~에 있다	Nous nous appelons
s'appeler 이름이 ~이다	Vous vous appelez
	Ils s'appellent, elles s'appellent
Voici 여기 ~이/~가 있다	

GRAMMAIRE

❖ 명사의 성(남성 masculin, 여성 féminin)과 수(단수 singulier, 복수 pluriel)

프랑스어 명사에는 남성, 여성이 정해져 있다. 자연성(自然性)이 있는 경우를 제외한 대부분의 무생물 명사는 발음이나 형태에 의해 정해진 성을 따른다. 따라서 명사를 한정하거나 수식하는 관사, 형용사는 명사의 성에 따라 형태를 맞추어야 한다. 또한, 하나인지 여럿인지에 따라 단수와 복수를 구분한다. 때문에 명사의 앞과 뒤에서 명사와 함께 하는 관사와 형용사는 당연히 명사의 성과 수에 일치하는 형태여야 한다.

명사는 문장 안에서 주어와 목적보어 (영어의 목적어에 해당) 역할을 한다.

(인칭)대명사는 반복하는 명사를 대신 받는 것이므로, (인칭)대명사의 성과 수에 맞추어 동사의 형태도 변화한다. 이를 'la conjugaison'이라고 하며, '동사변화' 혹은 '동사활용'이라고 부른다. (다음의 être, s'appeler 동사변화 보기)

❖ 인칭대명사 (Les pronoms personnels)

인칭 la personne 남성/여성 - 단수/복수	주어 인칭대명사 le sujet	강세형 인칭대명사 la forme tonique
1인칭 단수	Je	Moi
2인칭 단수	Tu	Toi
3인칭 남성 단수	Il	Lui
3인칭 여성 단수	Elle	Elle
1인칭 복수	Nous	Nous
2인칭 복수	Vous	Vous
3인칭 남성 복수	Ils	Eux
3인칭 여성 복수	Elles	Elles

➢ 인칭대명사는 사람 혹은 사물의 인칭을 받는다. 영어와 달리 사물이 주어일 경우에도 명사의 성수에 따라 위의 인칭대명사를 사용한다.

➢ 주어 인칭대명사는 문장에서 주어(말하는 주체)의 역할을 하며, 뒤에 바로 동사가 온다.

Vous êtes français ?

– Non, je suis allemand. Je m'appelle Hans.

➢ 강세형 인칭대명사는 주어 자리 이외에서 사람의 인칭을 대신 받는 대명사이다.

➢ 강세형 인칭대명사는 주어를 강조한다.

Moi, je suis coréen.

Toi, tu es étudiant ?

Lui, il s'appelle Jean et elle, elle s'appelle Jeanne.

Vous, vous êtes de Séoul ?

➢ 강세형 인칭대명사는 주어 이외의 자리에서 일종의 명사처럼 사용된다.

Je suis étudiant. Et toi ?

– Moi aussi, je suis étudiante comme toi.

❖ 동사(Le verbe)와 동사변화(La conjugaison)

➢ être ~이다, ~에 있다

Je suis	Nous sommes
Tu es	Vous êtes
Il est	Ils sont
Elle est	Elles sont

Je suis Michel. Je suis français. Je suis étudiant. Je suis à Paris.

Sophie est étudiante. Elle est à Nice.

Nous sommes étudiants. Nous sommes à Chuncheon.

➢ s'appeler 이름이 ~이다

Je m'appelle	Nous nous appelons
Tu t'appelles	Vous vous appelez
Il s'appelle	Ils s'appellent
Elle s'appelle	Elles s'appellent

Comment vous appelez-vous ?

– Je m'appelle Sophie. Et vous ?

– Je m'appelle Diego.

C'est un écrivain français.

– Il s'appelle Victor Hugo.

❖ 긍정문과 부정문 (L'affirmation et la négation)

부정문의 기본형태는 긍정문의 동사 앞에 ne, 동사 뒤에 pas를 넣는 형태이다.

Je suis étudiant. Je <u>ne</u> suis <u>pas</u> professeur.

David <u>n'</u>est <u>pas</u> américain. Il est canadien.

❖ 의문문 (L'interrogation) : 의문사가 없는 일반 의문문

Tu es étudiant.	– Oui, je suis étudiant.
Tu es étudiant ?	– Non, je ne suis pas étudiant. Je suis lycéen.
Est-ce que tu es étudiant ?	
Es-tu étudiant ?	

회화에서는 평서문에 물음표를 붙이고 끝을 올려주는 간단한 방식이 많이 사용된다.

FORMULES UTILES

❖ 이름을 물어보는 표현

Comment vous appelez-vous ?

– Je m'appelle Pierre Leblanc.

Vous êtes monsieur / madame... ?

– Je m'appelle KIM.

❖ 반갑습니다

Enchanté(e) ! = Je suis enchanté(e).

❖ Voici + nom (단수 혹은 복수명사) : 여기 ~이/~가 있다

Voici une baguette.

Voici Christophe.

Voici Marie et Hélène.

SUPPLEMENTS

❖ 국적 형용사 (La nationalité)

다음은 국적을 나타내는 형용사이다.

형용사는 명사의 성과 수에 맞추어 형태를 일치시킨다. 형용사는 남성단수를 기준으로 하며, 여성형에는 일반적으로 -e를, 복수에는 일반적으로 -s를 덧붙인다.

국적 형용사는 문장 안에서 대문자로 쓸 필요가 없다. 단, 대명사(어느 나라 사람)로 사용될 때는 관사와 함께 문장 중간에서라도 대문자로 쓴다.

국적 형용사의 남성단수는 해당 나라의 언어를 나타낼 때에도 쓰인다. 정관사 남성단수형 le와 함께 쓰면 그 나라의 언어를 의미한다.

국가명	국기	남성단수 형용사	여성단수 형용사	국민
la France		français	française	les Français
l'Allemagne		allemand	allemande	les Allemands
l'Angleterre		anglais	anglaise	les Anglais
l'Espagne		espagnol	espagnole	les Espagnols
la Belgique		belge	belge	les Belges
la Suisse		suisse	suisse	les Suisses
l'Italie		italien	italienne	les Italiens

le Portugal		portugais	portugaise	les Portugais
la Corée (du Sud)		(sud-)coréen	(sud-)coréenne	les (Sud-)Coréens
la Chine		chinois	chinoise	les Chinois
le Japon	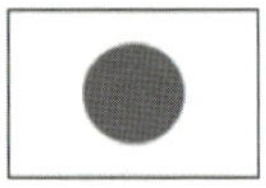	japonais	japonaise	les Japonais
les États-Unis		américain	américaine	les Américains
l'Europe		européen	européenne	les Européens
l'Asie		asiatique	asiatique	les Asiatiques

EXERCICES

Ⅰ. 다음의 주어 인칭대명사와 강세형 인칭대명사를 일치시키시오.

1. Tu : toi
2. Nous :
3. Je :
4. Vous :
5. Sophie :
6. Hans et Michel :
7. Christophe :
8. Pierre et moi :

Ⅱ. 다음 주어에 일치하는 강세형 인칭대명사를 넣으시오.

1. Moi, je suis suisse.
2. ________, elle est allemande.
3. _________, tu es étudiant ?
4. ________, il s'appelle Jean ?
5. _______, vous êtes français ?
6. ________, ils sont américains ?
7. ________, elles sont professeurs.

Ⅲ. 다음 être 동사를 주어에 맞추어 변화시키시오.

1. Tu ______ coréen ?
2. Nous ________ étudiants.
3. Je _______ à Lyon.
4. Victor Hugo _______ français.
5. Sophie et Marion ________ françaises.
6. Vous _______ à Berlin ?

Ⅳ. 다음 s'appeler 동사를 주어에 맞추어 변화시키시오.

1. Je ________ Jacques.

2. Il _________ Thomas.

3. Vous ___________ comment ?

4. Elle _________ Sylvie.

5. Tu __________ comment ?

Ⅴ. 다음 문장을 부정문으로 바꾸시오.

1. Elle est anglaise.
2. Nous sommes étudiants.
3. Tu es à Séoul.
4. Vous êtes écrivain ?
5. Il s'appelle Diego.
6. Elles sont à New York.
7. Je suis professeur.

Ⅵ. 다음 인물의 국적을 쓰시오.

	Sofia → *Elle est espagnole.*
	Minho →
	Alessia et Stella →
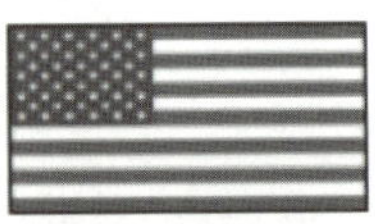	Brad et Emily →
	Joana →

CULTURE

❖ 숫자로 보는 프랑스

행정수도 파리와 프랑스어의 공식어 지정 : 1539년

프랑스 공화국의 출범 : 1875년

프랑스 인구 : 67,064,000명

(2020. 01. 01 기준 프랑스 본토 64,800,000명, 해외영토 2,200,000명)

파리 인구 : 2,148,000명 (2020. 01. 01 기준)

(파리와 일 드 프랑스 포함 : 12,117,132명)

면적 : 543,940km^2 (본토), 633,109km^2 (해외영토 포함)

농지면적 : 29,000,000ha (본토의 54%)

목초지 : 1,000,000ha

초원 : 7,700,000ha

숲 : 16,900,000ha (본토의 31%)

1인당 국민총소득 : 42,878달러 (2019. 04 기준)

실업률 : 8.5%

프랑스 국기	Le drapeau tricolore (du 15 février 1794)	
프랑스 국가	La Marseillaise	
프랑스 국가이념	Liberté, Égalité, Fraternité	Liberté • Égalité • Fraternité RÉPUBLIQUE FRANÇAISE

La France administrative (2016)

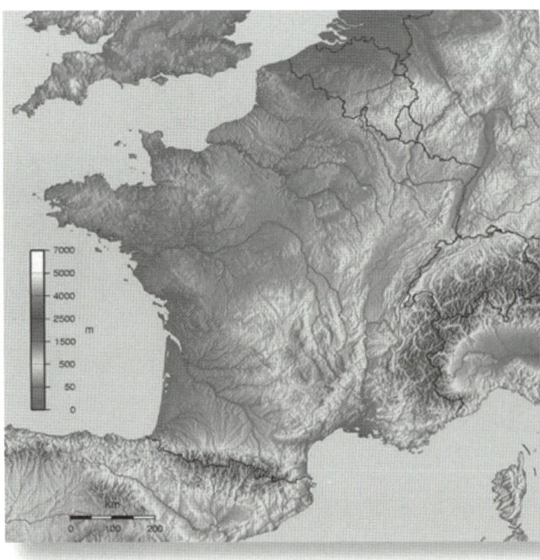

La France physique

Leçon 3

Se présenter 2

자기 소개하기 2

DIALOGUES

Dialogue 1

- Bonjour, je m'appelle Diego. Je suis espagnol. Je suis étudiant et j'ai vingt ans.
- Bonjour, je m'appelle Angela. J'ai vingt et un ans. Moi aussi, je suis étudiante. Je suis allemande.
- Tu parles bien français ! Qu'est-ce que tu étudies ?
- J'étudie la littérature française. Et toi ?
- Moi, j'étudie le cinéma.

Dialogue 2

- Est-ce que tu habites à Paris ?
- Oui, j'habite à Paris. Et toi ?
- J'habite dans le 13e arrondissement. Mes parents sont à Madrid.
- Tu as des frères et sœurs ?
- Oui, j'ai un frère et une sœur. Ils travaillent à Barcelone.
- Oh, c'est très intéressant !

LES MOTS DU DIALOGUE

un an 한 해, 1년	**avoir**
une littérature 문학	J'ai
un cinéma 영화	Tu as
un arrondissement 파리시의 행정단위 구	Il a, elle a
des parents (m.) 부모님	Nous avons
un frère 남자형제	Vous avez
une sœur 여자형제	Ils ont, elles ont
espagnol, espagnole 스페인의, 스페인 사람	
allemand, allemande 독일의, 독일 사람	**étudier**
intéressant, intéressante 흥미로운, 재미있는	J'étudie
	Tu étudies
avoir 가지다	Il étudie, elle étudie
étudier 공부하다, 연구하다	Nous étudions
habiter 거주하다, 살다	Vous étudiez
travailler 일하다	Ils étudient, elles étudient

GRAMMAIRE

❖ 동사와 동사변화

➢ avoir ~을 가지다

J'ai	Nous avons
Tu as	Vous avez
Il a	Ils ont
Elle a	Elles ont

J'ai un frère et une sœur.

Diego n'a pas de frère. (avoir동사 문장을 부정문으로 할 경우, 명사 앞의 부정관사는 de로 바뀐다.)

J'ai vingt ans.

➢ 1군 규칙동사 (Les verbes réguliers du 1er groupe)

동사원형이 -er로 끝나는 동사로, 인칭에 따라 어미가 규칙적으로 변한다.

parler 말하다

Je parle	Nous parlons
Tu parles	Vous parlez
Il parle	Ils parlent
Elle parle	Elles parlent

Est-ce que vous parlez français ?

– Oui, je parle français.

Tu parles espagnol ?

– Non, je ne parle pas espagnol. Je parle anglais et français.

☞ Et vous, vous parlez français ? Quelles langues parlez-vous ?

FORMULES UTILES

❖ 나이를 묻는 표현

Quel âge avez-vous ?
– J'ai dix-neuf ans.

Tu as quel âge ?
– J'ai vingt-deux ans.

☞ Et vous, quel âge avez-vous ?

SUPPLEMENTS

❖ 대학교 전공, 학문명 (Les études à l'université, la discipline)

les sciences humaines 인문학

la langue et la littérature françaises [anglaises, allemandes, coréennes, japonaises, chinoises] 불어불문학

la philosophie 철학
l'histoire 역사(학)
l'économie 경제(학)
la politique 정치(학)
la sociologie 사회학
la biologie 생물학
la gestion 경영(학)
la chimie 화학
l'informatique 컴퓨터공학
l'ingénierie 공학
l'architecture 건축(학)
les arts 예술
la médecine 의학
l'éducation 교육

Je suis étudiant(e) en français. J'étudie le français.
Gabriel est étudiant en informatique. Il étudie l'informatique.
Emma est étudiante en politique. Elle étudie la politique.

☞ Et vous, qu'est-ce que vous étudiez à l'université ?

❖ 서수 (Les nombres ordinaux)

서수 만드는 법 : 기수 + ième
약식표기는 아라비아 숫자 옆에 e를 윗첨자로 붙인다.

premier, première (1er, 1re)
deuxième [second, seconde] (2e)
troisième (3e)
septième (7e)
huitième (8e)
neuvième (9e)

quatrième (4e)	dixième (10e)
cinquième (5e)	onzième (11e)
sixième (6e)	douzième (12e)

서수가 쓰이는 표현 :

층수 : le premier étage, le deuxième étage

세기 : le XIXe siècle, le XXe siècle, le XXIe siècle (vingt et unième siècle)

파리의 구 : le 1er arrondissement, le 3e arrondissement, le 13e arrondissement

EXCERCICES

Ⅰ. 다음 avoir 동사를 주어에 맞추어 변화시키시오.

1. Louis ________ vingt ans.
2. Je _______ une baguette.
3. Marie _______ un téléphone portable.
4. Vous _______ quel âge ?
5. Tu ________ un stylo ?
6. Nous _______ une maison à Avignon.
7. Antoine et Pierre ________ vingt-deux ans.

Ⅱ. 다음 동사를 주어에 맞추어 변화시키시오.

1. Moi, je __________ Anne. (s'appeler)
2. Est-ce que tu __________ à Paris ? (habiter)
3. Pierre _________ la littérature coréenne. (étudier)
4. Nous _________ à Rome. (travailler)
5. Vous _________ français ? (parler)
6. Je __________ le français. (étudier)
7. Marie et Sophie __________ dans le 2e arrondissement. (habiter)

Ⅲ. 다음 문장을 부정문으로 바꾸시오.

1. Je parle chinois. → Je ne parle pas chinois.
2. Nous habitons ensemble. →
3. C'est intéressant. →
4. Ils travaillent à Nice. →
5. Il s'appelle Paul. →
6. Elle a un cousin. →
7. Vous étudiez l'économie ? →

❖ 파리의 행정구역

➢ 17세기의 파리

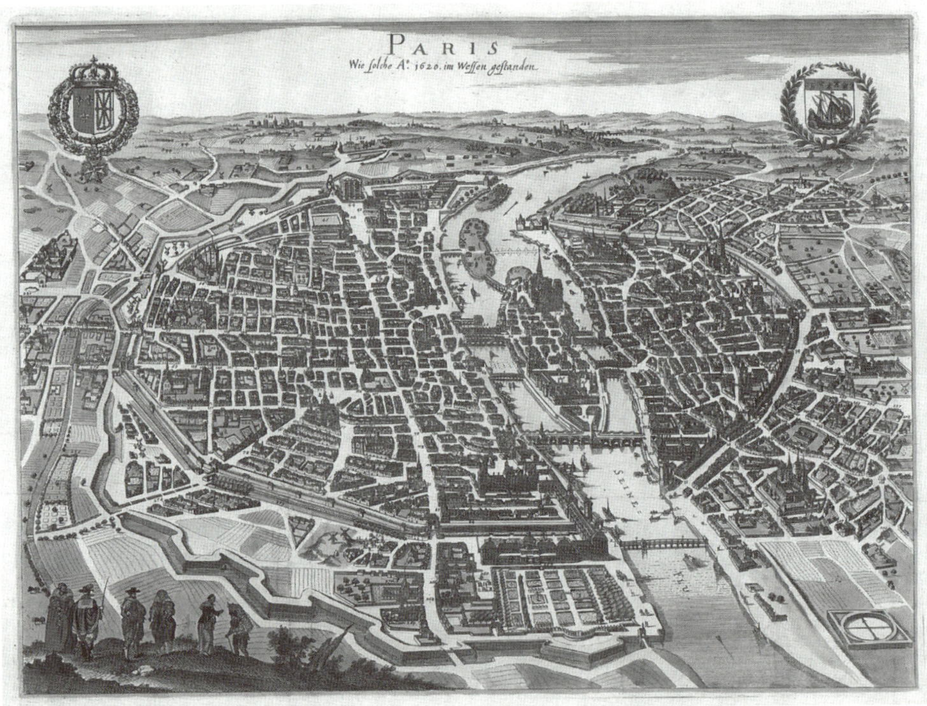

Caspar Merian, *Paris* (1620), 1655, David Rumsey Historical Map Collection.

➢ 21세기의 파리

파리의 행정구역 : Il y a vingt arrondissements.

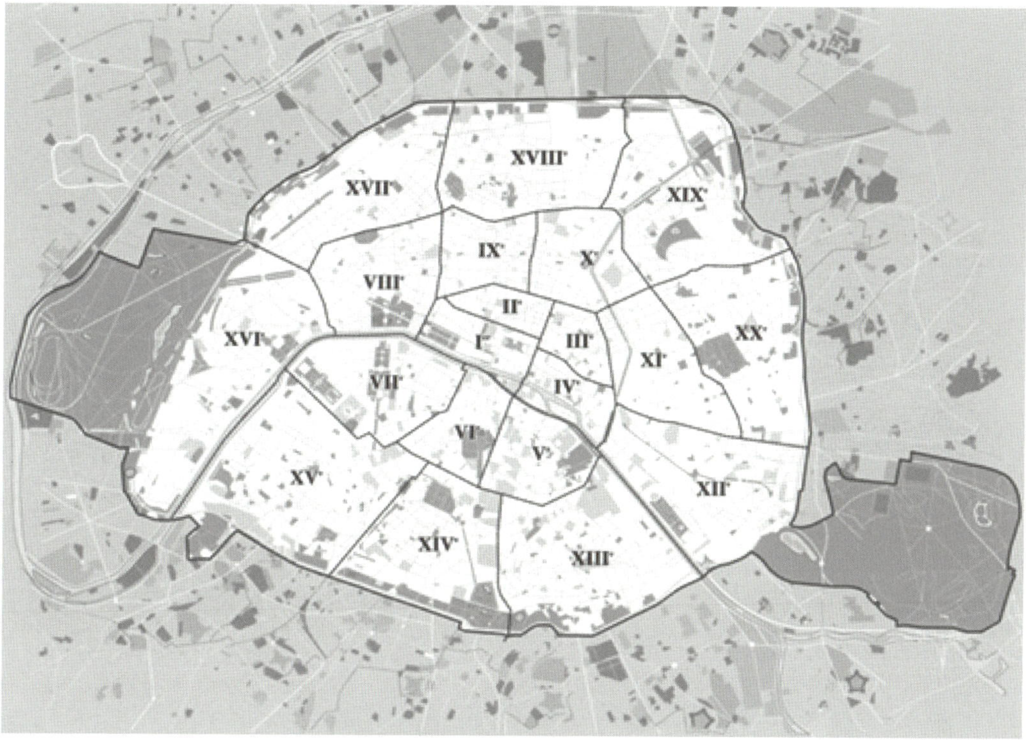

MEMO

Leçon 4

Connaître les noms

사람 사물의 이름 알기

DIALOGUES

Dialogue 1

- Qu'est-ce que c'est ?
- C'est un roman. C'est le dernier roman de Georges Perec.
- Et ça aussi, c'est un roman ?
- Non, c'est un livre de cuisine. C'est le cadeau de ma mère.

Dialogue 2

- Qu'est-ce que c'est ?
- C'est un film français : *Intouchables*.
- Qui est-ce ?
- C'est Omar Sy. C'est un acteur français.

Dialogue 3

- Qu'est-ce que c'est ?
- C'est une voiture officielle.
- Qui est-ce ?
- C'est Emmanuel Macron. C'est le président de la République française.

LES MOTS DU DIALOGUE

un roman 소설

un livre 책

une cuisine 요리

un cadeau 선물

une mère 어머니

un film 영화

une voiture 자동차

un acteur, une actrice 영화배우

un président, une présidente 대통령, 회장

dernier, dernière 마지막의, 지난

officiel, officielle 공식의, 공식적인

❖ 부정관사와 정관사 (Les articles indéfinis et définis)

프랑스어에서는 명사 앞에 반드시 관사가 붙으며, 관사는 명사의 성과 수에 형태가 일치해야 한다. 프랑스어의 관사에는 부정관사, 정관사, 부분관사 세 가지 종류가 있다. 각각의 관사가 지닌 의미 차이에 따라 선택한다.

➢ 부정관사 (Les articles indéfinis)

형태	남성	여성
단수	un	une
복수	des	

부정관사는 '불특정한 어느 하나 혹은 여럿'을 의미한다. 특정하지 않거나 한정되지 않았다는 의미를 전달한다.

C'est un croissant. C'est une baguette. Ce sont des pains.
C'est un étudiant. C'est une étudiante. Ce sont des étudiants. Ce sont des étudiantes.

➢ 정관사 (Les articles définis)

형태	남성	여성
단수	le (l')*	la (l')*
복수	les	

* 단수명사가 모음이나 무음의 h로 시작할 때 : l'ami, l'eau, l'homme, l'hôpital

정관사는 다음의 경우에 사용된다.

1. 특정하거나 한정된 명사 앞에서

   C'est un sac. C'est le sac de Marc.

   C'est une tablette. C'est la tablette de Céline.

   Ce sont des livres. Ce sont les livres de mon ami.

   Paris est une ville française. C'est la capitale de la France.

2. 유일한 것 앞에서

   Voici les planètes : le Soleil, la Lune et la Terre.

   C'est la France.

   C'est la tour Eiffel.

   C'est le musée d'Orsay.

   C'est la Seine.

3. 대표성, 추상명사 앞에서

   J'aime le café et le chocolat.

   La devise de la France, c'est "Liberté, Égalité, Fraternité".

FORMULES UTILES

❖ C'est + 단수명사 Ce sont + 복수명사

Qu'est-ce que c'est ? (이것이 무엇인가요? '사물'에 대한 질문)

C'est une voiture. C'est la voiture de ma mère.

Ce sont des livres. Ce sont les livres de Charles.

Qui est-ce ? (이 사람은 누구인가요? '사람'에 대한 질문)

C'est Alain Delon. C'est un acteur français.

Cf. C'est Alain Delon. Il est acteur. Il est français.

Qui est-ce ?

C'est Céline Dion. C'est une chanteuse canadienne.

Cf. C'est Céline Dion. Elle est chanteuse. Elle est canadienne.

❖ 직업 명사 (Les noms de profession)

일반적으로 남성과 여성을 구분한다. 남성단수형을 기준으로 여성형은 일반적으로 -e를 붙이지만, 이 규칙에서 벗어나는 다음과 같은 유형이 있다.

- étudiant, étudiante ; président, présidente
- musicien, musicienne ; technicien, technicienne
- chanteur, chanteuse ; danseur, danseuse ; footballeur, footballeuse
- acteur, actrice ; directeur, directrice
- boulanger, boulangère ; cuisinier, cuisinière ; policier, policière
- journaliste, artiste, peintre, guide, ministre
- professeur, médecin, juge
- homme politique, femme politique ; homme d'affaire, femme d'affaire

EXERCICES

Ⅰ. 다음 명사에 알맞은 부정관사(un, une, des)를 넣으시오.

1. _______ croissant
2. _______ baguette
3. _______ étudiants
4. _______ pain
5. _______ voiture
6. _______ cadeau
7. _______ actrices
8. _______ livre
9. _______ ville
10. _______ musiciennes

Ⅱ. 다음 명사에 알맞은 정관사(le, la, l', les)를 넣으시오.

1. _______ homme
2. _______ voiture
3. _______ cuisine
4. _______ président
5. _______ films
6. _______ salon de thé
7. _______ tour de Londres
8. _______ acteurs
9. _______ chanteuse
10. ______ étudiante

Ⅲ. 다음 명사에 적절한 관사를 넣으시오. [부정관사, 정관사, Ø]

1. Qu'est-ce que c'est ? – C'est ______ cadeau.
2. Il est _______ professeur de français.
3. J'adore _______ films français.
4. C'est _______ président de la République française.
5. Elles sont _______ chanteuses.
6. C'est _______ musée. C'est ______ musée du Louvre.
7. C'est _____ tour Eiffel.
8. Je n'aime pas ______ pain.
9. Qui est-ce ? – C'est _______ acteur.
10. Ce sont ______ livres. Ce sont _______ livres de Pierre.

Ⅳ. Qu'est-ce que c'est ?

<table>
<tr>
<td>
</td>
<td>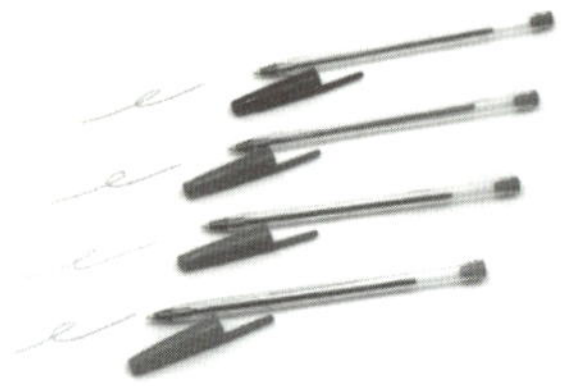</td>
<td>
</td>
</tr>
<tr>
<td>C'est un livre.</td>
<td></td>
<td></td>
</tr>
<tr>
<td></td>
<td></td>
<td></td>
</tr>
<tr>
<td></td>
<td></td>
<td></td>
</tr>
</table>

Ⅴ. Qui est-ce ?

<table>
<tr>
<td>Type 1 :
C'est Brad Pitt.
C'est un acteur américain.</td>
<td>Type 2 :
C'est Brad Pitt.
Il est acteur.
Il est américain.</td>
</tr>
<tr>
<td colspan="2">Angela Merkel　Auguste Renoir　J.K. Rowling　Cristiano Ronaldo</td>
</tr>
</table>

❖ 프랑스의 위인 (Les grands hommes français)

	Jeanne d'Arc (1412-1431) Héroïne de l'histoire de France Chef de guerre Sainte de l'église catholique
	François 1er (1494-1547) Roi de France entre 1515 et 1547 Mécène des artistes Protecteur des Lettres
	Louis XIV (1638-1715) Roi de France entre 1643 et 1715 Louis le Grand Le Roi-Soleil
	Victor Hugo (1802-1885) Écrivain, poète, romancier, dramaturge, dessinateur L'auteur de *Notre-Dame de Paris* (1831) et *Les Misérables* (1862)

	Louis Pasteur (1822-1895) Scientifique Pionnier de la microbiologie
	Claude Monet (1840-1926) Peintre impressionniste
	Marie Curie (1867-1934) Physicienne et chimiste La première femme lauréate du prix Nobel
	Simone de Beauvoir (1908-1986) Philosophe, écrivaine Féministe

Leçon 5

Faire la description

모사하기

DIALOGUES

Dialogue 1

- Mon frère arrive à Paris dans une heure mais j'ai un cours important. Tu peux aller le chercher à la gare de l'Est ?
- D'accord. Il est comment, ton frère ?
- Il est grand et mince. Il porte des lunettes. Il a les cheveux blonds, courts et lisses.
- Il porte quels vêtements ?
- Il porte une veste noire, un pantalon gris et une chemise bleue.

Dialogue 2

- C'est la photo de ta famille ?
- Oui, ma mère, mon père, mon grand frère, ma petite sœur et moi.
- Ils sont comment ?
- Mes parents sont très dynamiques. Mon frère est timide et ma sœur est sportive.

LES MOTS DU DIALOGUE

une heure 시간, 시 un cours 강의, 수업 une gare 기차역 (la gare de l'Est 파리의 동역) un vêtement 옷, 의류 une veste 겉옷, 재킷 un pantalon 바지 une chemise 남성용 셔츠 des lunettes (f.) 안경 un cheveu (des cheveux) 머리카락 noir, noire 검은색의 gris, grise 회색의 blond, blonde 금발의 bleu, bleue 푸른색의 gentil, gentille 친절한, 자상한 sportif, sportive 운동을 잘하는, 좋아하는 dynamique 활동적인 timide 소심한, 내성적인 mince 마른, 가녀린 quel, quelle 어떤, 무슨 (의문형용사) pouvoir ~할 수 있다 arriver 도착하다 porter 지니다, 입고 있다 chercher 찾다, 데리러 가다 mais 하지만, 그러나	**pouvoir** Je peux Tu peux Il peut, elle peut Nous pouvons Vous pouvez Ils peuvent, elles peuvent

❖ 형용사 성수 일치

형용사는 명사를 수식하는 역할을 하며 명사와 연결되므로 반드시 명사의 성과 수에 일치시켜 주어야 한다.

➢ 성의 일치 : 남성과 여성

형용사는 남성단수형을 기준으로 하며, 여성형은 일반적으로 남성형 끝에 -e를 붙인다.

여성형 만드는 규칙	남성형	여성형
일반적으로 남성형에 -e를 붙인다.	grand petit intéressant anglais court	grande petite intéressante anglaise courte
남성형이 이미 -e로 끝난 경우, 여성형도 동일하다.	jeune facile difficile célèbre rouge	jeune facile difficile célèbre rouge
남성형의 마지막 자음을 중복한 후 -e를 붙인다.	coréen bon gros gentil traditionnel	coréenne bonne grosse gentille traditionnelle
-er → -ère	cher étranger	chère étrangère
-eux → -euse	heureux ambitieux	heureuse ambitieuse
-if → -ive	sportif créatif	sportive créative
불규칙형	beau (bel)* vieux (vieil)* nouveau (nouvel)*	belle vieille nouvelle

* 남성단수형 형용사 뒤에 오는 명사가 모음이나 무음의 h로 시작할 때

➢ 수의 일치 : 단수와 복수

1. 명사와 형용사의 복수형은 일반적으로 단수형에 -s를 붙인다.

   C'est un film intéressant.

   Ce sont des films intéressants.

   C'est une étudiante intelligente.

   Ce sont des étudiantes intelligentes.

2. 명사, 형용사가 이미 -s나 -x로 끝난 경우 s를 중복하여 붙이지 않는다.

   Il est vieux.

   Ils sont vieux.

   C'est un acteur ambitieux.

   Ce sont des acteurs ambitieux.

3. 불규칙형

   Le château est beau. → Les châteaux sont beaux.

   un animal → des animaux, un journal → des journaux

   amical → amicaux, vital → vitaux

➢ 형용사의 위치

1. 명사와 형용사가 함께 올 경우, 영어와 달리 형용사는 일반적으로 명사 뒤에 놓인다.

   C'est un cours intéressant.

   Elle a les cheveux longs et blonds.

2. 하지만 자주 쓰이거나 짧은 다음의 몇몇 형용사는 명사 앞에 놓인다.

   ☞ bon, mauvais, jeune, vieux, petit, grand, beau, joli, gros, excellent

   C'est un bon étudiant.

   J'ai une belle veste.

* 복수형용사 + 복수명사 앞에 오는 부정관사 des는 de로 바뀐다.

Ce sont de belles tomates.

Il y a de jolis jardins dans cette ville.

❖ 소유 형용사

소유 형용사의 형태 : 소유자의 인칭과 명사의 성수에 일치시킨다.

소유주	소유물 남성단수	소유물 여성단수	소유물 복수
je	mon	ma (mon)*	mes
tu	ton	ta (ton)*	tes
il, elle	son	sa (son)*	ses
nous	notre	notre	nos
vous	votre	votre	vos
ils, elles	leur	leur	leurs

J'ai un livre. C'est mon livre.

C'est ma mère, mon père. Ce sont mes parents.

C'est la voiture de Ludovic ? – Oui, c'est sa voiture.

Votre passeport, s'il vous plaît !

Ils ont deux enfants. Leurs enfants habitent à New York.

* 여성 단수 명사가 모음으로 시작할 경우 ma, ta, sa는 mon, ton, son의 형태로 바뀐다.

C'est mon amie.

Alice est ton étudiante ?

C'est l'école de Jules. C'est son école.

SUPPLEMENTS

❖ 신체 묘사에 사용되는 표현

grand, grande 키가 큰

petit, petite 키가 작은

gros, grosse 살찐

mince 마른

avoir les cheveux courts / mi-longs / longs 머리카락 길이

avoir les cheveux bruns / blonds / roux / noirs / gris / blancs 머리카락 색깔

avoir les cheveux lisses / ondulés / bouclés 머리카락 모양

porter un vêtement / une veste / un pantalon / des lunettes 옷을 입다, 안경을 쓰다 등

❖ 성격 묘사에 사용되는 표현

calme 차분한

nerveux, nerveuse 신경질적인

actif, active 적극적인 ; passif, passive 소극적인

dynamique 활동적인

optimiste 낙천적인 ; pessimiste 비관적인

sérieux, sérieuse 신중한, 진지한

☞ Et vous, vous êtes comment ? Quels vêtements portez-vous ?

EXERCICES

I. 올바른 남성 혹은 여성 형용사를 고르시오.

1. un [grand / grande] garçon
2. une [petit / petite] fille
3. un film [intéressant / intéressante]
4. une chanteuse [coréen / coréenne]
5. une femme [courageux / courageuse]
6. un [nouveau / nouvelle] directeur
7. une amie [gentil / gentille]
8. une ville [étranger / étrangère]
9. un [bon / bonne] style
10. une [beau / belle] journée

II. 알맞은 형용사를 고르시오.

1. J'ai une amie portugais / portugaise.
2. Il est gentil / gentille.
3. La cuisine est bon / bonne.
4. Elles sont intelligent / intelligente / intelligents / intelligentes.
5. C'est un beau / belle musée.
6. C'est une maison traditionnel / traditionnelle.
7. Les lunettes sont chers / chères.
8. Mon père est sportif / sportive.
9. Ce sont des actrices canadiens / canadiennes.
10. J'ai les cheveux longs / longues.

III. 다음 문장을 모두 여성형으로 바꾸시오.

1. Il est créatif. →
2. C'est un étudiant français. →

3. Le chanteur est excellent. →

4. Ils sont jeunes et célèbres. →

5. Ce sont des danseurs étrangers. →

Ⅳ. 다음 문장을 복수형으로 바꾸시오.

1. C'est un musée américain. →

2. Il est beau et gentil. →

3. Elle a une jolie robe. →

4. J'ai un pantalon gris. →

5. Le nouveau journal est intéressant. →

Ⅴ. 알맞은 소유 형용사를 넣으시오.

1. J'ai un frère. → C'est mon frère.

2. Paul a un chapeau. →

3. Nous avons une voiture. →

4. M. et Mme Delon ont des enfants. →

5. Tu as un livre. →

6. Vous avez des amis. →

7. Hélène a une amie. →

8. Mon frère a des chocolats. →

Ⅵ. 다음을 순서대로 배열하여 문장을 만드시오.

1. a / cheveux / les / Antoine / longs

2. peux / gare / à / tu / aller / la / chercher / ? / cousin / ton

3. dynamiques / sont / mes / très / parents

4. étudiant / bon / c' / un / est

5. une / c' / nouvelle / est / assistante

❖ Astérix와 Obélix를 통해 본 프랑스인의 기질

René Goscinny et Albert Uderzo, *La Grande Traversée*, Dargaud, 1975, p. 26에서 발췌.

MEMO

Leçon 6

Parler du goût

취향에 대해 말하기

DIALOGUES

Dialogue 1

- Qu'est-ce que tu aimes ?
- J'aime la BD. J'adore Astérix et Obélix. Ils sont courageux et très amusants. Ils aiment les copains mais détestent les Romains. Et toi, qu'est-ce que tu aimes ?
- J'aime beaucoup la peinture française. J'aime Chardin, Paul Cézanne et Henri Matisse.
- Alors, tu aimes aller au musée ?
- Oh, oui ! J'adore voir des tableaux.

Dialogue 2

- Qu'est-ce que vous aimez faire ?
- J'aime jouer du piano et regarder des films.
- Quel genre de film aimez-vous ?
- J'adore les films d'horreur. Et vous ?
- Moi, je préfère les comédies musicales. J'aime aller au théâtre. Et j'aime jouer au tennis.

LES MOTS DU DIALOGUE

une BD (bande dessinée) 만화	**préférer**
un copain, une copine 친한 친구	Je préfère
un Romain 로마사람	Tu préfères
une peinture 회화	Il préfère, elle préfère
un tableau, des tableaux 그림	Nous préférons
un musée 미술관, 박물관	Vous préférez
un théâtre 연극, 상연극장	Ils préfèrent, elles préfèrent
un film d'horreur 공포영화	
une comédie musicale 뮤지컬	**voir**
un genre 장르	Je vois
un tennis 테니스	Tu vois
	Il voit, elle voit
courageux, courageuse 용감한, 대범한	Nous voyons
amusant, amusante 재미있는	Vous voyez
	Ils voient, elles voient
aimer 좋아하다	
adorer 굉장히 좋아하다	**faire**
préférer 선호하다	Je fais
détester 아주 싫어하다	Tu fais
regarder (주의 깊게) 보다	Il fait, elle fait
voir 보다	Nous faisons
jouer 놀다, 게임하다, 운동하다, 연주하다	Vous faites
aller 가다	Ils font, elles font
faire 하다	

❖ 문장의 형태 : 주어+동사+직접목적보어

J'aime Astérix et Obélix. 나는 아스테릭스와 오벨릭스를 좋아해.

프랑스어의 문장은 기본적으로 '주어(le sujet)'와 '동사(le verbe)'로 이루어진다. 프랑스어 구문에서 주어를 생략하는 경우는 거의 없다고 생각하면 된다. 동사는 경우에 따라 뒤에 대상(=명사)을 반드시 필요로 하는 경우가 있다. 이러한 동사를 타동사라고 부르며, 동사 뒤에 오는 명사는 문장에서 동사의 의미를 보완해주는 역할을 하므로 '목적보어(le complément d'objet)'라고 한다. 또한, 다른 전치사를 필요로 하지 않고 동사 뒤에 바로 오기 때문에 '직접목적보어(le complément d'objet direct, COD)'라고 불린다.

➢ Aimer + 명사 : ~를 좋아하다. (그 명사 전체를 의미하므로 반드시 정관사를 사용한다.)

adorer (+++)
aimer beaucoup (++)
aimer (+)
ne pas aimer beaucoup (-)
ne pas aimer (--)
détester (---)

François adore le cinéma.
Il aime beaucoup les acteurs français.
Il aime aussi le sport.
Il n'aime pas beaucoup la lecture.
Il n'aime pas la danse.
Il déteste les devoirs.

➢ Aimer + 동사원형 : ~하기를 좋아하다.

Valérie adore voir ses amis.

Elle n'aime pas regarder la télé.

❖ 정관사의 축약

전치사 à와 de 뒤에 정관사가 오면 축약이 일어나는데, 이를 축약관사(les articles contractés)라고 부른다. 다만 정관사 여성단수는 축약되지 않는다.

à + le → au

à + les → aux

de + le → du

de + les → des

J'aime aller au musée.

Je parle aux étudiants.

Ils jouent au tennis.

Tu aimes jouer du piano ?

Ce sont les livres des étudiants.

Vous allez à la poste ? – Non, je vais à la bibliothèque.

C'est le président de la République française.

단수명사가 모음이나 무음의 h로 시작하는 경우 축약이 아닌 모음 탈락이 먼저 일어난다.

Je vais à l'opéra. Et vous ? – Je vais à l'hôpital.

Marion va à l'université.

C'est la Déclaration des droits de l'homme.

FORMULES UTILES

❖ Est-ce que / Qu'est-ce que

Est-ce que는 평서문 앞에 놓여 의문문을 만드는 형태로 '~ 입니까'에 해당한다.

Est-ce que vous aimez l'opéra ?

– Oui, j'aime l'opéra.

– Non, je n'aime pas l'opéra.

Qu'est-ce que는 사물 목적보어를 물어보는 질문으로 '무엇을'에 해당한다.

Qu'est-ce que vous aimez ?

– J'aime le sport. J'adore le football.

❖ jouer à + 운동 명사 / jouer de + 악기 명사

~ 운동을 하다 jouer au football / au baseball / au basketball / au tennis / aux cartes

~ 악기를 연주하다 jouer du piano / du violon / de la flûte / de la guitare

Pierre joue au football et au tennis.

Céline joue très bien de la guitare.

❖ 취미와 관련된 용어

le cinéma 영화	aller au cinéma 영화관에 가다
le théâtre 연극	aller au théâtre 연극공연장에 가다
la danse 춤, 무용	chanter 노래하다
le chant 노래, 성악	écouter de la musique 음악을 듣다
le jeu 놀이, 게임	jouer 놀다, 게임하다
le sport 운동	faire du sport 운동하다
le voyage 여행	voyager 여행하다
la lecture 독서	lire 읽다

☞ Et vous, qu'est-ce que vous aimez ? Qu'est-ce que vous aimez faire ?

EXERCICES

Ⅰ. 다음 빈칸에 알맞은 관사를 넣으시오.

1. Ma sœur n'aime pas beaucoup ______ bande dessinée.
2. Vous aimez _______ théâtre ?
3. Mon père adore _______ sport.
4. Ma mère déteste _______ pollution.
5. Tu aimes ______ opéra ?
6. Moi, je préfère _____ cinéma.
7. Je joue de _____ clarinette.
8. Mes amis vont à _______ université.
9. Nous allons à ______ librairie.
10. Vous allez à ______ hôtel de ville ?

Ⅱ. 다음 빈칸에 알맞은 축약관사를 넣으시오.

1. Tu aimes jouer ______ violon et _____ piano?
2. Je parle _____ amis. (à)
3. Mes parents jouent ______ tennis.
4. Ce sont les voitures _______ professeurs.
5. Mon frère aime jouer _______ football.
6. Nous allons souvent ______ Philippines.

Ⅲ. Est-ce que / Qu'est-ce que 중 하나를 선택하여 문장을 완성하시오.

1. _____________ vous êtes professeur ?
2. _____________ vous aimez ?
3. _____________ ça va ?
4. _____________ vous parlez français ?
5. _____________ vous faites dans la vie ?

❖ 프랑스인들이 좋아하는 일상의 여가활동 [도표1]

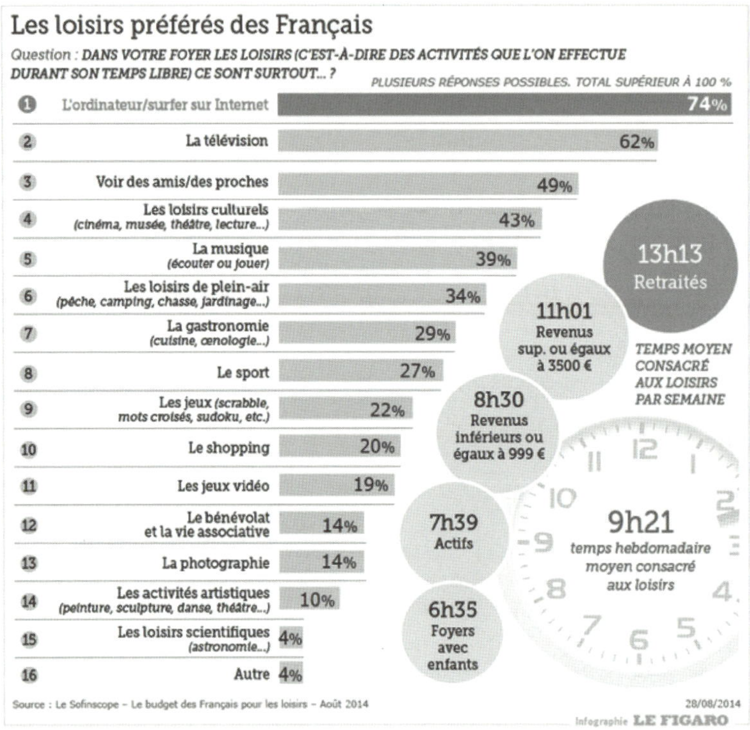

❖ 프랑스인들이 좋아하는 휴가 중의 활동 [도표2]

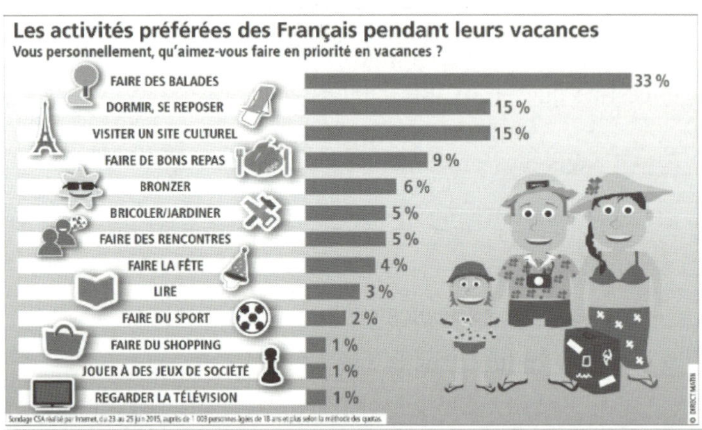

❖ 프랑스인들이 좋아하는 스포츠

FRANCE FFF

Le football

FRANCE RUGBY

Le rugby

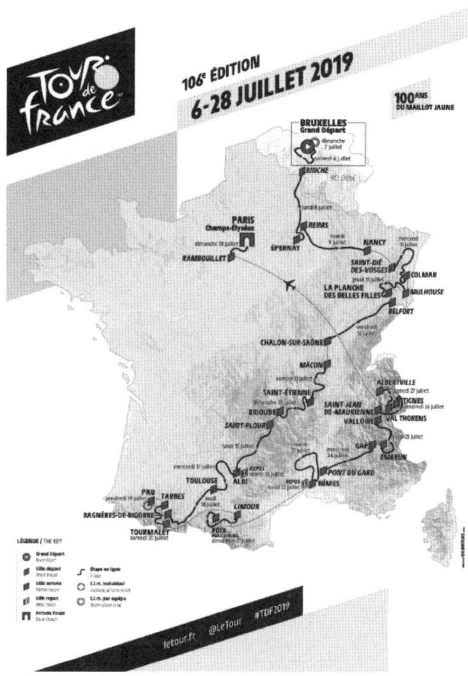

Le cyclisme : Le tour de France 2019

MEMO

Leçon 7

Dire l'heure

시간 묻고 답하기

DIALOGUES

Dialogue 1

- Excusez-moi, monsieur, vous avez l'heure ?
- Oui, il est dix heures vingt.
- Merci, monsieur.
- De rien.

Dialogue 2

- Quelle heure est-il ?
- Il est trois heures et demie. Pourquoi ?
- Mon ami va venir et on va aller au cinéma.

Dialogue 3

- Bonjour ! Le prochain train pour Lyon part à quelle heure ?
- Il part à dix-sept heures trente.
- Et il arrive à quelle heure à Lyon ?
- Il arrive à dix-neuf heures vingt-six.
- Merci !
- Je vous en prie.

LES MOTS DU DIALOGUE

une heure 시간, 한 시

un quart 4분의 1

un ami, une amie 친구

un train 기차

on 우리(= nous), 사람들(=les gens)

demi, demie 절반의

prochain, prochaine 다음의

venir 오다

partir 떠나다

Excusez-moi ! 실례합니다, 죄송합니다

venir

Je viens

Tu viens

Il vient, elle vient, on vient

Nous venons

Vous vencz

Ils viennent, elles viennent

partir

Je pars

Tu pars

Il part, elle part, on part

Nous partons

Vous partez

Ils partent, elles partent

GRAMMAIRE

❖ 의문 형용사 quel(s), quelle(s)

'어떤, 무슨'의 의미로 명사 앞에 쓰는 의문 형용사이다. 명사의 성과 수에 맞추어서 다음의 형태로 쓴다.

형태	남성	여성
단수	quel	quelle
복수	quels	quelles

Tu aimes quel film ? Quelle scène ? Quels acteurs ? Quelles actrices ?

Quel âge avez-vous ?

Quelle est la couleur des cheveux ?

Quelle est votre adresse e-mail ?

❖ 비인칭 구문 (1)

시간을 표현하는 구문에는 비인칭 주어 il이 사용된다.

➢ 시간 표현 구문

Quelle heure est-il ?

– Il est deux heures.

– Il est cinq heures vingt.

– Il est treize heures trente. / Il est une heure et demie.

❖ 근접미래

가까운 미래를 표현하는 방법이다. aller 동사의 현재형 다음에 동사원형을 쓴다.

Tu vas partir en vacances ? – Oui, je vais partir demain.

Qu'est-ce que vous allez faire ce soir ? – Ce soir, je vais dîner avec ma famille.

Mes parents vont voyager à Paris.

FORMULES UTILES

❖ 시간 물어보기 (몇 시예요?)

Quelle heure est-il ?

Tu as l'heure ? / Vous avez l'heure ?

공식적으로 시간을 표기하는 방식은 24시간제이다. 방송이나 공식석상에서는 '오후 1시'라는 표현 대신 '13시'라고 표기한다.

상대방과 대화 중이라면 오전 오후 시간대가 분명하므로 굳이 24시간제나 오전, 오후를 붙이지 않기도 한다. 분의 경우, 회화에서는 et quart (15분), et demie (반=30분), moins (몇 분 전) 등의 표현을 사용할 수 있다.

6h : Il est six heures.

7h 10 : Il est sept heures dix.

10h 15 : Il est dix heures quinze. = Il est dix heures et quart.

11h 30 : Il est onze heures trente. = Il est onze heures et demie.

12h : Il est douze heures. = Il est midi.

12h 50 : Il est midi cinquante. = Il est une heure moins dix.

14h 45 : Il est quatorze heures quarante-cinq. = Il est trois heures moins le quart.

24h/0h : Il est vingt-quatre heures. = Il est zéro heure. = Il est minuit.

시간대에 따라 아침/오전 le matin, 오후 l'après-midi, 저녁 le soir을 덧붙일 수 있다.

Il est six heures du matin.

Il est une heure de l'après-midi.

Il est huit heures du soir.

❖ 몇 시에 ~ 합니까?

À quelle heure vas-tu à la fac ? – Je vais à la fac à 9 heures du matin.

Le train arrive à quelle heure ? – Il arrive à 3 heures 20 de l'après-midi.

Vous partez à quelle heure ? – Je pars à 7 heures du soir.

SUPPLEMENTS

❖ 시간과 관련된 용어

➢ 하루 시간대

le matin 아침
l'après-midi 오후
le soir 저녁
la nuit 밤

➢ 요일 les jours de la semaine

lundi 월요일
mardi 화요일
mercredi 수요일
jeudi 목요일
vendredi 금요일
samedi 토요일
dimanche 일요일

Quel jour sommes-nous ?
– Nous sommes lundi.

➢ 달 les mois de l'année

janvier 1월
février 2월
mars 3월
avril 4월
mai 5월
juin 6월
juillet 7월
août 8월
septembre 9월
octobre 10월
novembre 11월
décembre 12월

Nous sommes le combien ?

– Nous sommes le 5 mai 2020.

En France, l'année scolaire commence en septembre.

Février

Mars

Juillet

Septembre

Octobre

Décembre

Frères de Limbourg, *Les très riches heures de Duc de Berry*, 1411-1416, Musée Condé (Chantilly).

➢ 계절 les saisons (f.)

le printemps 봄	au printemps 봄에
l'été 여름	en été 여름에
l'automne 가을	en automne 가을에
l'hiver 겨울	en hiver 겨울에

Quelle saison aimez-vous ?
– J'aime l'automne.

Nous avons des vacances en été et en hiver.

EXCERCICES

Ⅰ. 다음에 알맞은 의문 형용사를 넣으시오.

1. ______ est votre prénom ?
2. _______ est votre nom de famille ?
3. _______ est votre date de naissance ?
4. _______ est votre lieu de naissance ?
5. _______ est votre nationalité ?
6. _______ est votre adresse ?
7. _______ est votre numéro de téléphone ?
8. _______ est votre situation familiale ?
9. _______ âge avez-vous ?
10. _______ est votre numéro de passeport ?

Ⅱ. 다음 문장을 근접미래로 표현하시오.

1. Le métro arrive dans deux minutes. →
2. Tu viens à quelle heure ? →
3. Je pars pour Paris. →
4. Pierre joue du violon. →
5. Vous allez au cinéma ? →
6. Vos parents regardent un film ? →
7. Elles mangent au restaurant. →
8. Nous travaillons à l'étranger. →

Ⅲ. Quelle heure est-il ?

1. 07h :
2. 10h 30 :
3. 12h 15 :
4. 14h 25 :
5. 16h 45 :
6. 20h 55 :
7. 24h :

CULTURE

❖ 프랑스의 공휴일과 축제

프랑스의 법정 공휴일

<table>
<tr><th>공휴일</th><th>날짜</th><th>행사 및 문화</th></tr>
<tr><td>Jour de l'An 새해</td><td>1월 1일</td><td></td></tr>
<tr><td>Pâques 부활절</td><td>4월 13일
(월)</td><td>3월 22일이 지나고 보름달이 뜬 후 첫 번째 일요일이 부활절이지만 월요일을 대체공휴일로 지정함. 부활절은 크리스마스와 함께 중요한 기독교 축일.
</td></tr>
<tr><td>Fête du Travail
노동절</td><td>5월 1일</td><td>매해 근로자의 날을 맞아 대규모 시위가 열리고, 가족과 지인에게 은방울꽃을 선물한다.
</td></tr>
<tr><td>Victoire des Alliés en 1945 2차대전종전기념일</td><td>5월 8일</td><td></td></tr>
<tr><td>Ascension
예수승천일</td><td>5월 15일</td><td>(Gustave Doré)
</td></tr>
</table>

Pentecôte 성신강림일	6월 1일(월)	
Fête nationale 프랑스내혁명 기념일	7월 14일	1789년 프랑스대혁명을 기념하는 상징적인 날로 프랑스에서 제일 중요한 국경일이다. 파리의 샹젤리제에서 대규모 군사행진이 열린다. 
Assomption 성모승천일	8월 15일	
Toussaint 만성절	11월 1일	모든 기독교 성인들을 기리는 날 
Armistice 1918 1차대전종전기념일	11월 11일	
Noël 크리스마스	12월 25일	(Georges de la Tour) 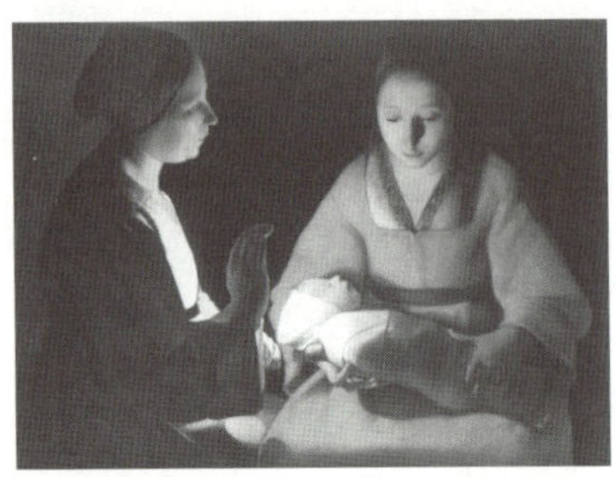

➢ 그 외의 종교 행사

Epiphanie (주현절)

1월의 첫 일요일은 동방박사들을 경배하는 축일로 Galette des rois를 먹는다.

Mardi gras (사순절 전날의 화요일로 Carnaval의 마지막 날)

금식이나 절식을 시작하는 사순절에 앞서 일주일 동안 진행되는 축제로 니스에서는 카니발이 열린다.

(2019)

MEMO

Leçon 8

Parler du temps

날씨 이야기하기

DIALOGUES

Dialogue 1

- Quel temps fait-il aujourd'hui ?
- Je vais consulter la météo... Il fait beau et doux. Il y a du soleil.
- Et demain ?
- Il va faire gris le matin et pleuvoir le soir.
- Alors, on va faire une promenade aujourd'hui ?
- D'accord, c'est mieux.

Dialogue 2

- En France, quel temps fait-il en été ?
- En été, il fait beau et chaud. Mais il fait sec.
- Et en hiver ?
- En hiver, l'air est humide. Il pleut souvent. À la montagne, il neige beaucoup.
- Et en Corée, il fait froid en hiver ?
- Oui, en hiver, il fait très froid mais sec. Par contre, en été, il fait chaud et humide.

LES MOTS DU DIALOGUE

un temps 날씨 du soleil 해, 햇볕, le Soleil 태양 une météo 일기예보 un matin 아침 un soir 저녁 une promenade 산책 un été 여름 un hiver 겨울 une montagne 산 beau, belle 아름다운, 멋진, 화창한 doux, douce 부드러운, 온화한, 따스한 gris, grise 회색의, 날씨가 흐린 chaud, chaude 더운, 뜨거운 froid, froide 추운, 차가운 sec, sèche 건조한, 마른 humide 습한 consulter 찾아보다, 검색하다 pleuvoir 비 오다 neiger 눈 오다 aujourd'hui 오늘 demain 내일 alors 그래서, 그러니까 d'accord 좋아요 mieux 더 잘, 더 나은 souvent 자주 beaucoup 많이 par contre 반대로	**pleuvoir** Il pleut **neiger** Il neige

GRAMMAIRE

❖ 비인칭 구문 (2)

날씨를 표현하는 구문에는 비인칭 주어 il이 사용된다.

➢ 날씨 표현 구문

Quel temps fait-il ?

Il fait beau et doux.

Il fait mauvais.

Il pleut.

Il neige.

➢ Il y a + 명사 : ~이 있습니다.

Il y a un étudiant.

Il y a des livres.

Il y a du soleil.

Il n'y a pas de nuages.

❖ ~ 나라에(서) : (2과 국가명사 참고)

➢ en + 여성단수 국가/대륙/프랑스지방

en France	en Espagne
en Corée	en Europe
en Chine	en Asie
en Italie	en Provence
en Allemagne	en Normandie

➢ au + 남성단수 국가

au Portugal	au Canada
au Brésil	au Japon

➢ aux + 복수국가

aux États-Unis	aux Pays-Bas
aux Philippines	

❖ 날씨와 관련된 기타 표현

➢ Il fait + 형용사

Il fait beau / bon / doux / chaud / froid.

Il fait mauvais / gris / sombre.

➢ Il y a + 명사 (12과 부분관사 참고)

Il y a du soleil.

Il y a du vent.

Il y a du brouillard.

Il y a de la neige

Il y a de l'orage.

Il y a des nuages.

➢ Il + 비인칭 동사

Il pleut.

Il neige.

➢ 기타

Le ciel est nuageux.

L'air est bon / mauvais.

La température est haute / basse.

Il fait vingt-neuf degrés.

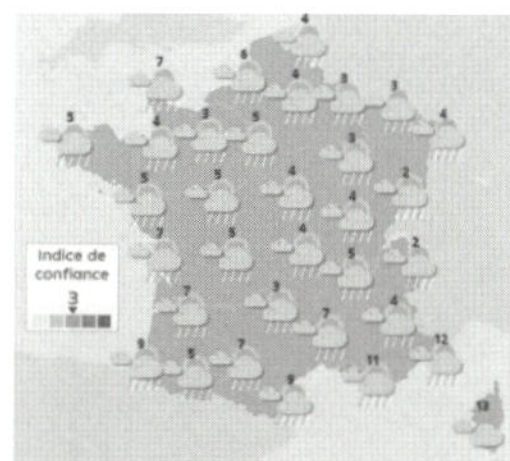

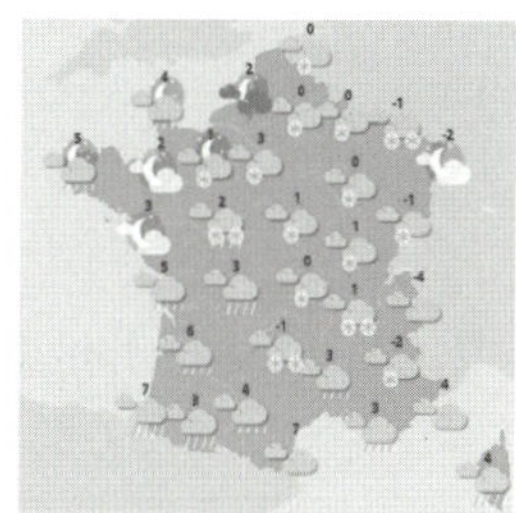

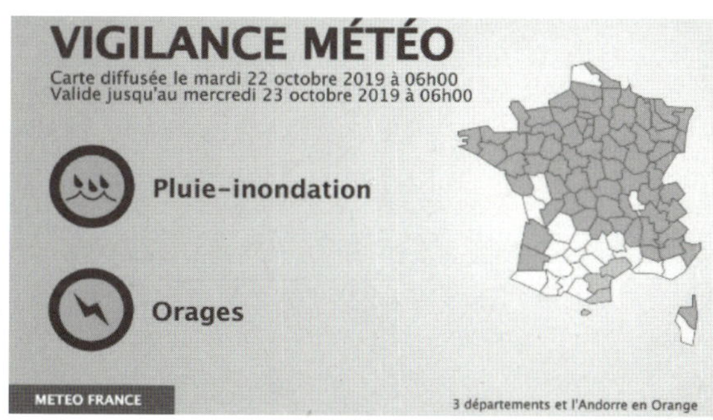

EXERCICES

Ⅰ. Quel temps fait-il ?

Ⅱ. Quel temps fait-il aujourd'hui dans votre ville ?

Ⅲ. Vous êtes dans quel pays ?

Je suis...

Nous sommes...

❖ 프랑스의 기후

프랑스의 사계절은 달력상으로 춘분, 하지, 추분, 동지에 맞춘다. 프랑스 본토의 서부는 대서양성 기후, 남부는 지중해성 기후이며, 동부의 알프스와 남부의 피레네 지역은 산맥의 지형적 영향을 받는다. 프랑스의 여름은 대체로 건조하고 일조량이 많으며, 반대로 겨울은 습하고 비가 자주 내린다.

Schéma climatique de la France métropolitaine hors Corse (2010)

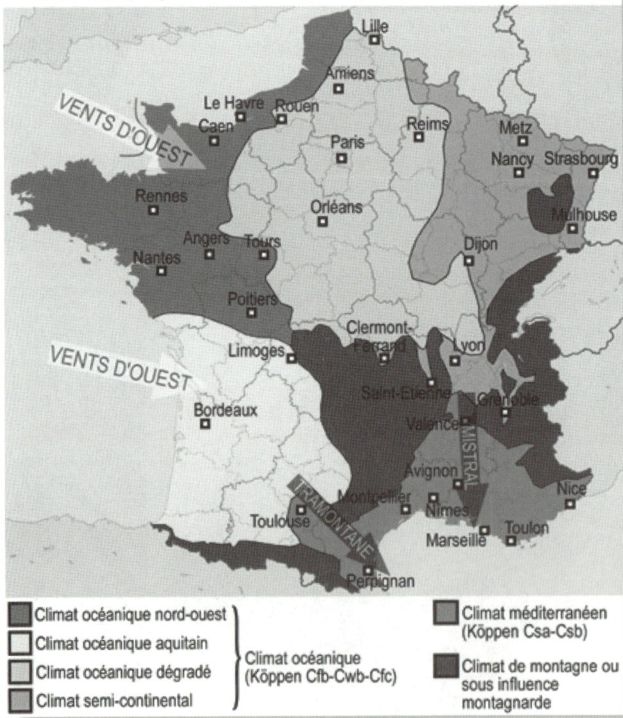

Leçon 9

Parler de la journée

하루 일과 이야기하기

DIALOGUES

Dialogue 1

- Qu'est-ce que tu fais pendant le week-end ?
- D'abord, je me lève tard. Souvent, je reste à la maison et je me repose. Et toi ?
- Moi, en général, je sors. Je vais au cinéma, au musée ou je déjeune avec mes amis.
- Tu es très dynamique !
- Oui, à Paris, il y a beaucoup de choses à voir et à faire ! J'aime sortir !

Dialogue 2

- Qu'est-ce que tu fais pendant la semaine ?
- Pendant la semaine, je me lève tôt, à six heures. Je me lave, je m'habille et je prends le petit-déjeuner. Ensuite, je vais à la fac : j'ai des cours toute la journée. Puis je rentre chez moi, je finis mes devoirs et je me couche vers minuit.
- Tu as combien de cours ?
- J'ai sept cours, vingt et une heures par semaine.
- Oh là là. C'est beaucoup ! Alors, tu te reposes pendant le week-end !
- Mais oui !

LES MOTS DU DIALOGUE

une journée 하루
une semaine 주, 일주일
un week-end 주말
une maison 집
une faculté 대학교, 단과대학
une chose 사물, 것
un petit-déjeuner 아침식사
un cours 수업, 강의
un devoir 숙제, 과제
une famille 가족
minuit 자정

se lever 일어나다
se reposer 쉬다
se laver 씻다
s'habiller 옷 입다
se coucher 잠자리에 들다
déjeuner 점심 식사하다
rester 머물다, ~ 상태로 있다
rentrer 귀가하다
finir 끝나다, 끝내다
sortir 나가다, 외출하다
prendre 섭취하다, 타다, 잡다

pendant ~ 동안
d'abord 우선
ensuite 그리고 나서
puis 그 다음에
tôt 일찍
tard 늦게
vers ~ 시쯤
en général 일반적으로, 보통
chez ~네 집에
à la fac (대)학교에
combien (de) 얼마(의)
toute la journée 하루 종일

se lever
Je me lève
Tu te lèves
Il se lève, elle se lève
Nous nous levons
Vous vous levez
Ils se lèvent, elles se lèvent

finir
Je finis
Tu finis
Il finit, elle finit
Nous finissons
Vous finissez
Ils finissent, elles finissent

sortir
Je sors
Tu sors
Il sort, elle sort
Nous sortons
Vous sortez
Ils sortent, elles sortent

prendre
Je prends
Tu prends
Il prend, elle prend
Nous prenons
Vous prenez
Ils prennent, elles prennent

GRAMMAIRE

❖ 대명동사 (Les verbes pronominaux)

대명동사는 동사 앞에 주어와 일치된 대명사를 놓은 동사유형이다. 동사의 행위가 주어 자신에게 돌아오는 경우, 상호적 행위의 경우, 수동의 의미를 지니는 경우가 있으나, 첫 번째 재귀적 의미가 대부분이다. 대명동사는 모두 자동사로 쓰인다.

반드시 주어의 인칭과 대명사를 일치시킨다.

se laver 씻다

Je me lave	Nous nous lavons
Tu te laves	Vous vous lavez
Il se lave	Ils se lavent
Elle se lave	Elles se lavent

se laver 동사 뒤에 신체 일부가 올 경우 '~을 씻다'로 풀이된다.

Tu te laves les mains ?

– Oui, je me lave les mains. Et je me lave le visage.

부정문과 의문문

Te reposes-tu pendant le week-end ?

– Non, je ne me repose pas.

❖ 2군 규칙동사 -ir

원형동사가 -ir로 끝나는 다음 동사들은 어미가 규칙적으로 변화한다.

finir 끝나다 / choisir 선택하다 / réfléchir 숙고하다 / grandir 자라다 / réussir 성공하다 등

choisir 고르다, 선택하다

Je choisis	Nous choisissons
Tu choisis	Vous choisissez
Il choisit	Ils choisissent
Elle choisit	Elles choisissent

Je finis ma journée.

Mes amis finissent leurs études.

Tu choisis ce livre ?

– Je réfléchis.

Les enfants grandissent vite.

FORMULES UTILES

❖ C'est / Il y a

➢ C'est + 단수명사 / Ce sont + 복수명사 : 그 사람은 /그것은 ~이다

Qui est-ce ?
– C'est Jean. C'est un ami.
– Ce sont Philippe et Sylvie. Ce sont mes amis.

Qu'est-ce que c'est ?
– C'est un appareil photo.

➢ Il y a + 단수/복수명사 : ~이 있다

Qu'est-ce qu'il y a sur la table ?
– Il y a un livre et des stylos.

Y a-t-il des musées dans le quartier ?
– Non, il n'y a pas de musée.

❖ Combien de + (관사 없이) 명사 : 얼마의 명사

Combien de cours avez-vous ? – J'ai deux cours.
Combien de stylos as-tu ? – J'ai deux stylos noirs et un stylo rouge.
Il y a combien d'étudiants dans la salle ? – Il y a trente étudiants.

EXERCICES

I. 다음 동사를 주어에 맞추어 변화시키시오.

1. Nous ____________ les cheveux. (se laver)
2. Tu ____________ comment aujourd'hui ? (s'habiller)
3. Vous __________ bien. (se reposer)
4. Le week-end, Marc __________ tard. (se coucher)
5. Je ___________ à 8 heures. (se lever)
6. Mes amis ___________ ensemble. (s'amuser)
7. Michel _________ au parc. (se promener)

II. 다음 2군 규칙동사를 주어에 맞추어 변화시키시오.

1. Tu _________ tes devoirs ? (finir)
2. Mon petit frère __________ bien. (grandir)
3. Ils ________ leur mission. (accomplir)
4. Nous _________ aux examens. (réussir)
5. Vous _________ une voiture ? (choisir)

III. 다음 동사를 주어에 맞추어 변화시키시오.

1. Nous _________ de la maison. (sortir)
2. Mes parents ne __________ pas tard. (rentrer)
3. Je ne __________ pas de petit-déjeuner. (prendre)
4. Vous _________ le bus ? (prendre)
5. Sophie et Cécile _________ des photos de voyage. (prendre)

IV. 다음 물음에 자유롭게 답하시오.

D'habitude...

À quelle heure vous levez-vous ?

–

À quelle heure sortez-vous de la maison ?

–

À quelle heure arrivez-vous à l'université ?

–

À quelle heure déjeunez-vous ?

–

Où déjeunez-vous ?

–

À quelle heure rentrez-vous à la maison ?

–

Qu'est-ce que vous faites dans la soirée ?

–

À quelle heure vous couchez-vous ?

–

Ⅴ. Racontez votre journée.

❖ 프랑스의 교육 제도 (Le système d'éducation en France)

현재 프랑스의 공교육은 1881년 당시 교육부 장관이었던 쥘 페리(Jules Ferry)의 무상교육, 의무교육, 탈종교교육을 제도화하며 시작되었다. 현재 의무교육은 중학교 과정까지 확대되었고, 이 세 가지 이념은 프랑스 공교육의 3대 원칙으로 유지되고 있다.

➢ 학년과 학기 (l'année scolaire)

프랑스의 한 학년은 9월 1일 시작해 8월 31일에 종료된다. 초, 중, 고등학교는 3학기로 나뉘어 운영된다. 마지막 3학기는 6월 말에 끝나며 7월 1일부터 두 달간 긴 방학(Les grandes vacances)에 들어간다.

➢ 학교 방학 (Les vacances scolaires)

초, 중, 고, 대학교의 방학기간은 동일한 일수이며, 전체적으로 시행된다. 9월 새 학년 시작 이후에 다음과 같은 방학이 있다. 2월과 4월 방학은 전국을 세 개의 학군(Zone A, B, C)으로 나누어 장거리 이동 교통량을 조절한다.

- 11월 : 만성절 방학 (Les vacances de Toussaint) 2주
- 12월말부터 1월초 : 크리스마스 방학 (Les vacances de Noël) 2주
- 2월 : 겨울[스키] 방학 (Les vacances d'hiver) 2주
- 4월 : 부활절 방학 (Les vacances de Pâques) 2주
- 7-8월 : 여름 방학 (Les grandes vacances) 2달

➢ 바칼로레아 (le Baccalauréat, le Bac)

중등교육의 마지막 교육기관인 고등학교 과정을 잘 이수했는지 평가하는 국가시험으로, 학년말인 6월 중에 일제히 시행된다. 이 시험은 '바칼로레아'라고 불리우며, 성적이 평점 이상일 경우 동명의 학위가 수여된다. 이 학위는 중등교육을 증빙하는 중요한 학위로서, 대학교 지원 자격이 주어지고 입학 결정에 성적이 반영되기도 한다. 평균 성적은 '통과, 보통 잘함, 잘함, 매우 잘함' 방식으로 주어진다.

➢ 파리의 대학

프랑스에 설립된 최초의 대학교는 신학대학으로 출발한 파리의 소르본 대학(1200년)이다. 현재 파리와 파리 근교 17개의 대학교는 중심이 되는 여러 개의 단과대학으로 구성되어 있다.

1970년 이후 파리 1대학부터 13대학까지 그 명칭이 평준화되었지만, 최근 2018년과 2020년의 대학 개편으로 일부 파리의 대학이 통합되었다.

➢ 프랑스의 교육제도

	교육기관	교육기간	만 연령
영유아교육	보육기관 **Crèche**		0-2세
	유치원 **École maternelle**		3-5세
초등교육	초등학교 **École primaire**	5년	6-10세
중등교육	중학교 **Collège**	4년	11-14세
	고등학교 **Lycée**	3년	15-17세
고등교육	대학교 **Université**	학사 **Licence** 3년 석사 **Master** 2년 박사 **Doctorat** 3년 이상	18세 이상
	그랑 제콜 **Grandes Écoles**	최고 엘리트 교육과정	18세 이상

MEMO

Leçon 10

Accepter ou refuser une proposition

제안을 수락하기와 거절하기

DIALOGUES

Dialogue 1

- Allô, bonjour, Marie, c'est Daniel. Comment ça va ?
- Ça va très bien, merci. Et toi ?
- Moi aussi, très bien. Qu'est-ce que tu fais aujourd'hui ?
  Je vais au musée d'Orsay, tu veux venir avec moi ? J'ai deux billets d'entrée.
- Oui, je peux. Nous déjeunons ensemble et après, nous allons au musée ?
- Super ! Je vais passer chez toi à onze heures, ça va ?
- C'est très bien. À tout à l'heure !
- À tout à l'heure !

Dialogue 2

- Marie, est-ce que tu es à la maison aujourd'hui ?
- Pourquoi, maman ?
- Le facteur va passer avec un courrier recommandé.
- Désolée, maman. J'ai rendez-vous avec Daniel. On va au musée d'Orsay.
- OK. Ce n'est pas grave.

LES MOTS DU DIALOGUE

un billet 표 une entrée 입구, 입장 un facteur 우체부 un courrier 우편물 un courrier recommandé 등기우편 un rendez-vous 약속 ce, cette, ces 이, 이번의 désolé, désolée 유감인, 미안한 grave 중대한, 심각한 super 아주 좋은(=superbe) passer 지나다, 들르다 vouloir ~하기를 원하다 pouvoir ~할 수 있다 ensemble 함께 après 후에 À tout à l'heure ! 이따가 만나 ! pourquoi 왜 avec ~와 함께, ~을 가지고	**vouloir** Je veux Tu veux Il veut, elle veut Nous voulons Vous voulez Ils veulent, elles veulent **pouvoir** Je peux Tu peux Il peut, elle peut Nous pouvons Vous pouvez Ils peuvent, elles peuvent

❖ 지시 형용사 ce (cet), cette, ces

'이, 이번의'를 의미하는 지시 형용사는 명사 앞에 위치하며, 명사의 성과 수에 일치한다.

형태	남성	여성
단수	ce (cet)*	cette
복수	ces	

C'est un livre. Ce livre est intéressant.

Tu aimes cette chanson ? – Oui, j'adore cette chanson.

Ce sont des chanteurs français. J'aime beaucoup ces chanteurs.

Ces artistes sont très célèbres.

* 남성 단수명사가 모음이나 무음의 h로 시작하는 경우, cet로 형태를 바꾼다.

ce enfant (X) → cet enfant

ce homme (X) → cet homme

ce hôpital (X) → cet hôpital

➢ 지시 형용사 다음에 시간명사가 올 경우, 말하는 시점에서 가까운 시간을 의미한다. 다른 전치사는 필요하지 않다.

le matin 아침 → ce matin 오늘 아침(에)

l'après-midi 오후 → cet après-midi 오늘 오후(에)

le soir 저녁 → ce soir 오늘 저녁(에)

la nuit 밤 → cette nuit 오늘 밤(에)

la semaine 주 → cette semaine 이번 주(에)

le week-end 주말 → ce week-end 이번 주말(에)

l'année 해 → cette année 올해

le mois 달 → ce mois-ci 이번 달(에)

les jours 날 → ces jours-ci 요즘, 최근(에)

lundi 월요일 → ce lundi 이번주 월요일(에)

❖ 조동사 vouloir / pouvoir

➢ vouloir + 동사원형 : ~ 하고 싶다, ~ 하기를 원하다

Tu veux aller à Paris ?

– Oui, je veux aller à Paris.

– Non, je ne veux pas aller à Paris. Je veux aller à Marseille.

Vous voulez partir en vacances ?

– Oui, je veux bien partir.

– Non, je ne veux pas partir maintenant.

➢ pouvoir + 동사원형 : ~ 할 수 있다

Tu peux venir à la réunion ce soir ?

– Oui, je peux aller à la réunion.

– Non, je ne peux pas aller à la réunion.

Vous pouvez finir ce travail ?

– Oui, je peux finir.

– Non, je ne peux pas finir.

FORMULES UTILES

❖ 제안을 수락하기와 거절하기 표현

On va aller au concert ce samedi ?

Tu veux dîner avec moi au restaurant français ?

➢ 수락하기

D'accord ! = Je suis d'accord. 좋아요, 동의해요.

Bonne idée ! = C'est une bonne idée ! 좋은 생각이에요 !

Avec plaisir ! = Volontiers ! 기꺼이 하지요 !

Super ! = Chouette ! 최고야 ! 아주 좋아 !

➢ 거절하기

Désolé(e). = Je suis désolé(e). 유감이에요, 미안해요.

Désolé(e), j'ai un cours. 미안하지만, 강의가 있어요.

Excuse(z)-moi, je ne suis pas libre. 미안하지만 제가 시간이 없어요.

❖ 헤어질 때 인사 (1)

언제 다시 만나는지에 따라 À + 만나는 시점을 쓴다.

Au revoir ! 일반적으로 하는 인사말로 '다시 만나요', '또 만나요'.

À tout à l'heure ! 조금 후에, 이따가 만나요.

À tout de suite ! 잠시 후에 만나요.

À plus tard ! 나중에 만나요.

À bientôt ! 곧 봐요.

À demain ! 내일 봐요.

À lundi ! 월요일에 봐요.

À ce soir ! 오늘 저녁에 봐요.

EXERCICES

Ⅰ. 다음 지시 형용사를 알맞은 형태로 넣으시오.

1. ________ peinture est très célèbre.
2. J'aime ________ chanteurs.
3. Nous adorons _________ arbre.
4. Qu'est-ce que vous allez faire ______ week-end ?
5. _______ après-midi, j'ai trois cours.
6. Je vais en France ________ année.
7. _______ jeudi, j'ai le cours de français.

Ⅱ. 다음 pouvoir 동사를 알맞게 변화시키시오.

1. Elle ne ________ pas travailler aujourd'hui.
2. Je _________ aider ma mère pour préparer le dîner.
3. Vous ________ venir chez moi ?
4. Mes amis _________ réussir aux examens.
5. Nous ________ aller voir un film.

Ⅲ. 다음 vouloir 동사를 알맞게 변화시키시오.

1. ________ -vous déjeuner avec nous ?
2. Ma sœur _________ acheter un nouveau vêtement.
3. Je ______ écouter des chansons françaises.
4. Henri et Thomas _________ visiter Paris.
5. Nous ________ fêter l'anniversaire de notre mariage.

Ⅳ. 다음 제안에 자유롭게 답변하시오.

1. Tu veux aller voir un film avec moi ?

–

2. Nous allons dîner ensemble ?

–

3. Tu peux aider ton frère à déménager ?

–

CULTURE

❖ 프랑스의 초대 문화와 에티켓

프랑스인들은 가까운 사이가 되었을 때 친구나 동료를 집으로 초대하기 좋아한다. 특별한 생일이나 축하할 일이 없더라도 간단한 식전주(아페리티프)나, 오후 티타임 겸 간식만으로 초대하기도 한다. 식사에 초대하는 경우 대부분 서로에게 부담이 없는 토요일 저녁이나 일요일 점심 식사가 좋다.

초대를 받았을 경우 무엇을 준비해가면 되는지 물어보도록 한다. 초대하는 편에서 부담 없는 것으로 포도주나 디저트 중 하나를 가져오도록 부탁하는 경우가 있다. 특별히 가져오라는 것이 없으면 음식이나 음료를 제외한 초콜릿이나 꽃 등의 다른 가벼운 것으로 선물을 가져가는 것도 좋다. 선물은 비싼 가격보다는 마음과 정성이 우선 !!!

단, 초대하는 측에서 부탁하지 않은 음식은 가져가지 않도록 한다.

MEMO

Leçon 11

길 물어보기

Demander son chemin

DIALOGUES

Dialogue 1

(À la Cité universitaire)

- Comment va-t-on au musée d'Orsay ? C'est loin ?
- Non, ce n'est pas très loin. On est à la Cité universitaire. On prend la ligne B du RER et on change à la station Saint-Michel pour la ligne C. Il y a seulement une correspondance.
- Il n'y a pas de bus ? J'aime voir les rues de Paris.
- Sûrement. Mais le RER est plus rapide.

Dialogue 2

(À la station du RER)

- On est perdu. Je vais demander le chemin... Excusez-moi, monsieur. On cherche le musée d'Orsay.
- Ah, oui ! Allez tout droit et tournez à la deuxième rue à gauche. Suivez le quai. Le musée est à votre droite.
- C'est loin ?
- Non, pas du tout. Deux minutes à pied.
- Merci, monsieur.
- Je vous en prie.

LES MOTS DU DIALOGUE

la Cité universitaire 파리의 대학기숙사단지

une ligne 선, 노선

une station (de métro) 전철역

une correspondance 환승

un bus 버스

une rue 거리, 길

un chemin 가는 길, 길

un quai 강변, 강변로, (기차역) 플랫폼

une minute 분, 1분

rapide 빠른

perdu, perdue 길 잃은

deuxième 두 번째의

changer 바꾸다, 갈아타다

demander 묻다, 부탁하다

chercher 찾다

tourner 돌다, 돌아가다

suivre 따라가다, 수강하다

loin (de) (~에서) 먼

seulement 단지, 오로지

sûrement 확실히, 분명히

tout droit 곧장 앞으로

à gauche 왼쪽으로

à droite 오른쪽으로

pas du tout 전혀

à pied 걸어서

je vous en prie 천만에요

changer

Je change

Tu changes

Il change, elle change

Nous changeons

Vous changez

Ils changent, elles changent

suivre

Je suis

Tu suis

Il suit, elle suit

Nous suivons

Vous suivez

Ils suivent, elles suivent

GRAMMAIRE

❖ 명령법 (L'impératif)

명령법은 동사의 현재형에서 주어를 삭제하여 동사만 남겨둔 형태이다.

Parler

Tu parles. → Parle !

Nous parlons. → Parlons !

Vous parlez. → Parlez !

Tu ne parles pas. → Ne parle pas !

Nous ne parlons pas. → Ne parlons pas !

Vous ne parlez pas. → Ne parlez pas !

☞ 단, 1군 규칙동사의 2인칭 단수형의 어미 -es는 -e의 형태로 s를 지운다. 나머지 인칭 및 나머지 동사들은 예외사항 없이 현재형의 동사변화에 따른다.

Finir

Tu finis. → Finis !

Nous finissons. → Finissons !

Vous finissez. → Finissez.

Prendre

Tu prends le métro. → Prends le métro !

Nous prenons le bus. → Prenons le bus !

Vous prenez le taxi. → Prenez le taxi !

☞ 예외 동사들

ÊTRE	AVOIR
Sois	Aie
Soyons	Ayons
Soyez	Ayez

Sois prudent ! 조심해.

Soyons tolérants ! 관대해집시다.

Ne soyez pas en retard ! 늦지 마세요.

Aie du courage ! 기운 내.

Ayons de la patience ! 인내심을 가집시다.

N'ayez pas peur ! 무서워하지 마세요.

FORMULES UTILES

❖ 길 물어볼 때 표현

Pardon, monsieur, pour aller au musée du Louvre ?

Excusez-moi, madame. Je cherche la tour Eiffel.

S'il vous plaît, où est la station de métro ?

❖ 감사 표현

Merci, madame / monsieur !

Merci beaucoup !

Je vous remercie. / Je te remercie.

❖ 답변 표현

Je vous en prie. / Je t'en prie.

De rien !

❖ 공간 표현

sur ~ 위에

sous ~ 아래에

dans ~ 안에

devant ~ 앞에

derrière ~ 뒤에

à côté (de) ~의 옆에

au milieu (de) ~의 가운데에

en face (de) ~ 맞은 편에

❖ 위치를 알려주는 표현

Aller tout droit 곧장 가다

Tourner à gauche / à droite 좌/우회전 하다

Traverser la rue 길을 건너다

Prendre la deuxième rue à gauche / à droite 왼쪽/오른쪽 두 번째 길로 들어가다

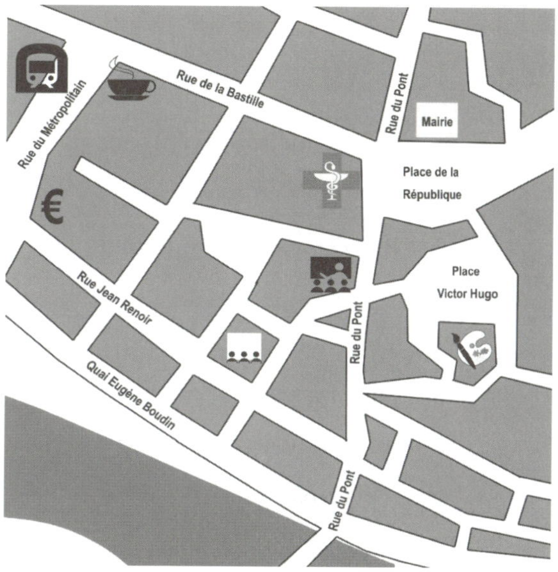

❖ 교통수단

➢ prendre le bus, le métro, le taxi, le train, le bateau, l'avion : ~을 타다

Qu'est-ce que vous prenez comme transport en commun ?

– Je prends le bus. Je ne prends pas le métro.

Prenez le taxi, c'est rapide.

➢ en bus, en métro, en taxi, en train, en avion ~을 타고

à pied 걸어서

à vélo 자전거를 타고

Comment venez-vous à la fac ?

– Je viens en train et en bus.

Comment rentres-tu ?

– Je rentre à pied.

EXERCICES

I. 다음 문장을 명령법으로 바꾸시오.

1. Tu prends le métro. →
2. Vous n'êtes pas en retard. →
3. Tu demandes le chemin au monsieur. →
4. Nous avons du courage. →
5. Nous cherchons la sortie. →
6. Vous allez tout droit. →
7. Tu finis tes devoirs. →
8. Vous n'avez pas peur. →
9. Tu viens chez moi ce soir. →
10. Tu ne travailles pas trop. →

II. 다음 그림을 보고 위치를 말하시오.

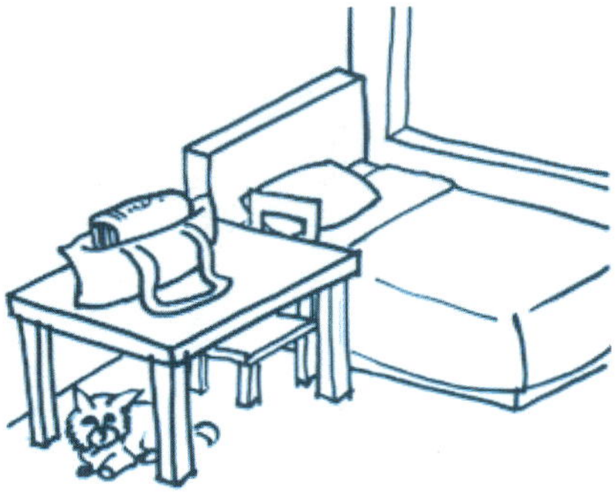

Le lit est à côté de la fenêtre.

La chaise est

La table

Le sac

Le livre

Le chat

III. 다음은 파리의 시테 섬과 세느 강 좌안의 라탱지구이다. 지도를 보고 가는 길을 설명하시오.

1. Notre-Dame 대성당에서 Sorbonne 대학까지 가는 길

2. Hôtel de ville (시청)에서 Palais de Justice (법원)까지 가는 길

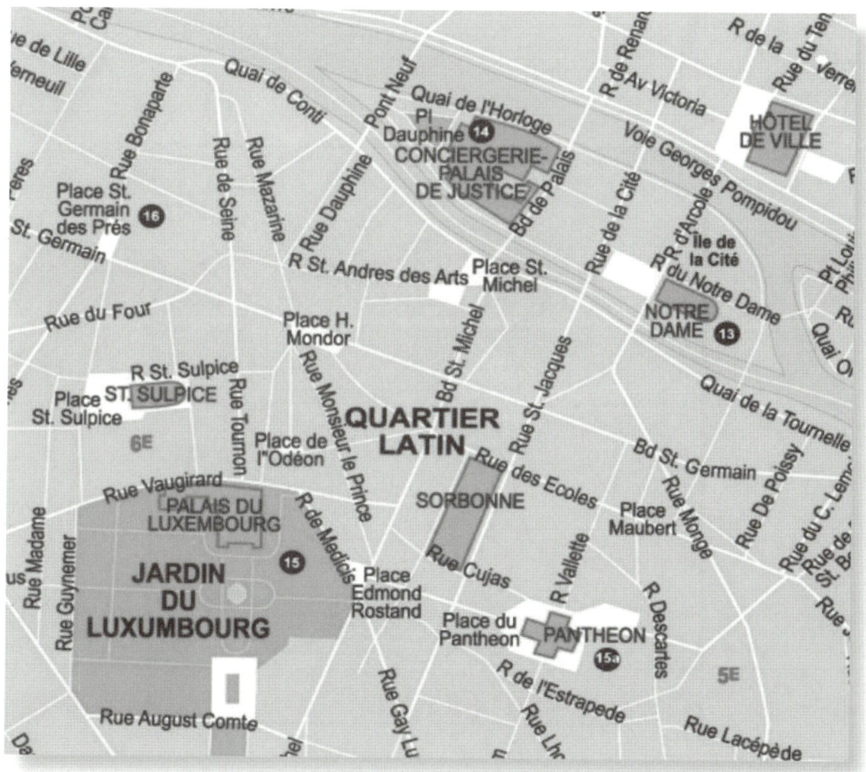

❖ 프랑스의 교통

프랑스 국내 도시간 이동에는 대부분 기차를 이용한다. 프랑스철도공사에 해당하는 SNCF는 지방간, 도시간 연결편을 제공하며, 주요 대도시간 TGV를 운영한다. TGV는 1981년에 개통되어 현재 프랑스 국내 총 운행 거리가 2,600km에 이르며, 속도는 시속 320km까지 가능하다. 요금이 비싼 편이지만, 선예약 기간에 따라 혹은 나이(12-26세, 시니어)에 따라 다양한 할인혜택을 받을 수 있다. 정기권이나 패키지를 이용할 수도 있다. TGV는 반드시 좌석을 예약해야 한다.

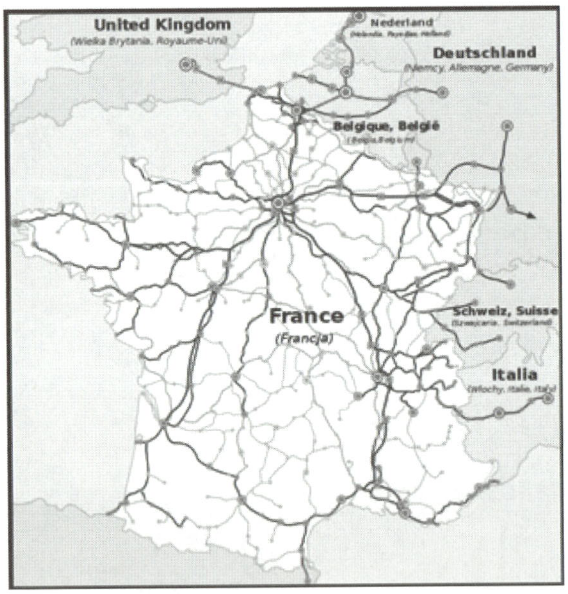

La carte du réseau voyageurs de la SNCF, les TGV internationaux inclus

➢ 파리의 대중교통수단

파리에서는 메트로, RER, 버스, 트램을 이용할 수 있다. 파리의 메트로는 1900년에 파리를 동서로 가르는 1호선이 개통되어 현재 14개 노선이 운행 중이다. 1998년에 개통된 14호선은 전자동식으로 운영되며, 이어 2012년부터는 가장 오래된 1호선이 전자동식으로 운행되고 있다. 파리의 대중교통수단 중 파리 시민들이 가장 많이 이용한다.

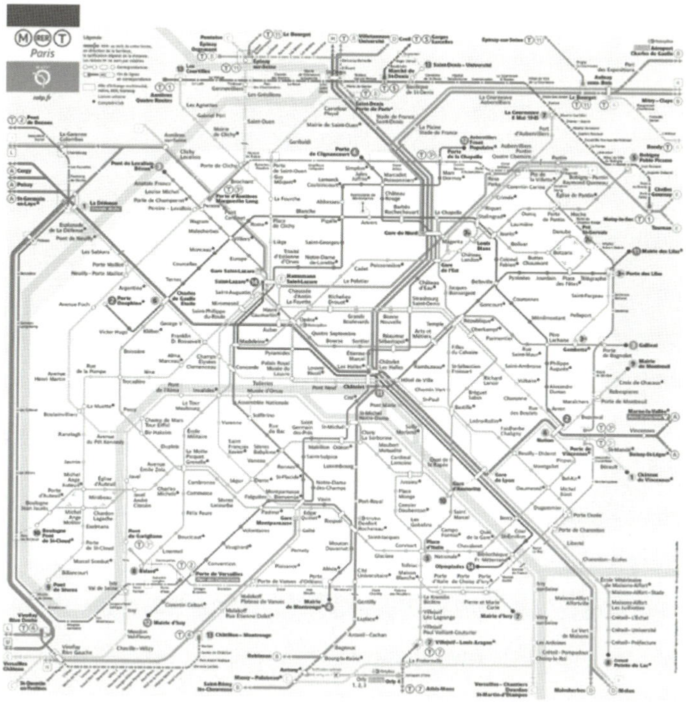

파리 내에서는 메트로 역과 역 사이의 거리가 가깝기 때문에 걸어 가는 것이 충분히 가능하다. 파리의 메트로는 역이 많기 때문에 파리 곳곳으로 빠른 시간에 이동이 가능하다(302개 역). 어느 정도 거리가 익숙해진 후 버스 노선을 검색해 보고 지상으로 파리의 거리를 보면서 이동하는 것은 소소한 재미를 준다.

➢ 티켓 구매하기 : 요금과 종류

버스, 메트로, 트램은 티켓이 동일하지만 티켓 한 장으로 교통수단 간 환승이 되지 않는다. 단, 메트로를 타고 구간 내에서 RER로 환승하는 것은 가능하다.

➢ 구간(la zone)과 요금(le tarif, le prix)

티켓은 일반적으로 메트로 역에서 구매할 수 있다. 티켓의 가격은 파리를 중심으로 거리에 따라 요금이 달라진다. 파리시는 1-2구간에 해당하며 기본요금이 적용된다. 파리에서 벗어나는 정도에 따라 3구간부터 5구간까지 추가 요금이 적용되어 티켓의 가격이 달라진다. 티켓 구

파리의 메트로 입구
(설계자 Hector Guimard, 1867-1942)

매 시에 내리려는 역이 몇 구간에 해당하는지 확인하고 구매하거나, 하차할 역의 이름을 말해 준다.

➢ 티켓의 종류

- Un ticket : 메트로, RER, 버스, 트램 모두 사용할 수 있는 일회용 티켓. 현재 1-2 구간 요금은 1.90 유로.
- Un carnet : 일회용 티켓 10장을 묶어 파는 것으로 가격 할인이 있다. 현재 1-2 구간 요금은 16.90 유로.
- Le forfait Navigo Semaine (주간 정액권) : 월요일부터 일요일까지 모든 종류의 대중교통수단을 무제한으로 이용할 수 있다. 2015년 9월부터 새로운 요금제가 제공되어 1-5 전구간에서 모두 이용할 수 있는 주간 정액권은 21.25 유로.
- Le forfait Navigo Mois (월간 정액권) : 매달 1일부터 말일까지 유효하며, 모든 종류의 대중교통수단을 무제한으로 이용할 수 있다. 2015년 9월부터 새로운 요금제가 제공되어 1-5 전구간에서 모두 이용할 수 있는 주간 정액권은 70 유로.

Vos zones actuelles	NAVIGO MOIS* prix et zonage		NAVIGO SEMAINE** prix et zonage	
1-2 1-3 1-4 1-5 2-4 2-5 3-5	70,00 € « toutes zones » NOUVEAU		21,25 € « toutes zones » NOUVEAU	
2-3	65,10 €	**Pas de changement de zonage.**	19,80 €	**Pas de changement de zonage.**
3-4	62,80 €	Toujours dézonés le week-end, les jours fériés, pendant les petites vacances scolaires de la zone C et de mi-juillet à mi-août.	19,00 €	
4-5	60,70 €		18,45 €	

(www.transilien.com)

Leçon 12

Commander au restaurant

식당에서 주문하기

Dialogue

- On va manger où ? Est-ce que tu as une idée ?
- Euh... Il y a un petit restaurant sympa près du musée. La cuisine est bonne.
- OK. On va essayer.

(Au restaurant)
- Bonjour, vous êtes combien ?
- Bonjour, nous sommes deux.
- Par ici, s'il vous plaît. Qu'est-ce que vous désirez ?
- Qu'est-ce que vous avez comme plat du jour ?
- Nous avons du poulet rôti avec des frites ou avec des haricots verts.
- Moi, je voudrais un plat du jour avec des frites. Et toi ?
- Pour moi, un plat du jour avec des haricots verts, s'il vous plaît.
- Très bien.

- Vous désirez un dessert ? Nous avons de la tarte aux pommes et de la mousse au chocolat.
- Une tarte et une mousse au chocolat, s'il vous plaît.
- Et du café ?
- Moi, oui.
- Alors, deux cafés, s'il vous plaît.
- Parfait.

- L'addition, s'il vous plaît.
- Oui, j'arrive.

LES MOTS DU DIALOGUE

une idée 생각
un restaurant 식당, 레스토랑
une cuisine 음식, 요리
un plat 본식, 요리
un plat du jour 오늘의 요리
un poulet 닭고기
des frites (f.) 감자튀김
un haricot 강낭콩, un haricot vert 그린빈
une boisson 음료수
une carafe 물병
l'eau (f.) 물
un dessert 디저트
une tarte 타르트, 파이
une tarte aux pommes 사과 타르트
une mousse 무스
une mousse au chocolat 쵸코 무스
un café 커피, 카페
une addition 덧셈, 계산서

rôti, rôtie 오븐에 구운
parfait, parfaite 완벽한, 완전한

manger 먹다
essayer 시도하다
désirer 원하다

où 어디, 어디에
près (de) (~에서) 가까운
ici 여기, 여기에
par ici 이쪽으로 오세요
pour ~을 위해, ~로서는

manger

Je mange
Tu manges
Il mange, elle mange
Nous mangeons
Vous mangez
Ils mangent, elles mangent

essayer

J'essaie
Tu essaies
Il essaie, elle essaie
Nous essayons
Vous essayez
Ils essaient, elles essaient

GRAMMAIRE

❖ 부분관사 (Les articles partitifs)

➢ 셀 수 없는 명사의 양을 표현할 때 사용하는 관사이다.

남성단수명사에는 du, 여성단수명사에는 de la를 붙인다. 단, 모음이나 무음의 h로 시작하는 명사가 올 때는 두 경우 모두 de l'로 축약한다.

남성단수	여성단수	복수
du	de la	des
de l'		

Je mange un poulet. 나는 닭 한 마리를 (다) 먹어.

Je mange du poulet. 나는 닭고기를 (조금, 어느 정도) 먹어.

Mon frère prend une baguette et un croissant. 내 남동생은 바게트 하나와 크루아상 하나를 먹어.

Il prend de la baguette et du croissant. 바게트와 크루아상을 (조금) 먹어.

Tu veux de l'eau ? 물 마실래?

- Oui, je veux de l'eau. 응. 물 마실래.

➢ 셀 수 없는 추상명사에도 부분관사를 사용한다.

Il y a du vent et du brouillard. Il y a de la neige.

Tu as du courage et de la patience !

Vous avez de la chance !

Tu as du temps ? – Non, j'ai du travail.

➢ 부정문의 de

타동사의 직접목적보어로 쓰인 명사 앞의 부정관사나 부분관사는 부정문에서 de로 바뀐다.

Tu as un stylo rouge ?

– Non, je n'ai pas de stylo rouge. J'ai un stylo bleu.

Vous voulez du café ?

– Non, merci. Je ne veux pas de café.

Vous avez de la monnaie ?

– Non, je n'ai pas de monnaie.

Est-ce qu'il y a des étudiants dans la salle ?

– Non, il n'y a pas d'étudiants.

☞ 주의 : 양이 아니라 명사 전체를 의미하는 경우에는 정관사를 사용한다.

Moi, j'aime le pain au chocolat. J'adore les gâteaux.

Mon père aime beaucoup le café. Ma mère préfère le thé.

FORMULES UTILES

❖ 상대방에게 부탁할 때의 공손한 어법

vouloir (원하다) 동사를 사용하며, 이때 현재형보다는 조건법 시제를 사용하는 것이 더 공손하고 예의 바르다.

➢ Je voudrais + 명사

Je voudrais un café, s'il vous plaît.

Je voudrais un menu déjeuner.

➢ Je voudrais + 동사원형

Je voudrais prendre de l'eau minérale.

Je voudrais savoir le prix de ce vin.

❖ 식사 관련 용어

la carte 메뉴판

le menu 세트메뉴

le plat du jour 오늘의 요리

le repas 식사

- le petit-déjeuner 아침식사
- le déjeuner 점심식사
- le dîner 저녁식사

l'apéritif (m.) 아페리티프, 식전주

l'entrée (f.) 전식

- la salade verte, composée 샐러드
- le foie gras 푸아그라
- le canapé 카나페

le plat (principal) 본식

- la viande (le bœuf, le porc, l'agneau) 육류 (쇠고기, 돼지고기, 양고기)
- le poisson 생선
- la volaille (le poulet, la dinde, le canard) 가금류 (닭고기, 칠면조, 오리)

le fromage 치즈

le dessert 후식

- la tarte 타르트, 파이
- la mousse 무스
- les fruits (m.) 과일
- le gâteau 케익

le café 커피

la boisson 음료

- le vin rouge 적포도주, le vin blanc 백포도주, le vin rosé 로제
- la bière 맥주
- l'eau minérale [plate, gazeuse] 미네랄 생수, 탄산수
- le coca 콜라
- la limonade 레모네이드
- le café au lait 카페라떼
- le chocolat chaud 핫초코
- le thé 차, 홍차

Les fruits de saison

La glace

Le gâteau au chocolat

EXERCICES

I. 알맞은 부분관사를 넣으시오.

1. le poulet : du poulet
2. la tarte :
3. la mousse :
4. le chocolat :
5. le café :
6. l'eau :
7. le vent :
8. le brouillard :
9. le courage :
10. la patience :

II. 알맞은 관사를 넣으시오. (식사관련 용어 참고)

1. Comme plat principal, je vous propose ______ steak avec _____ frites.
2. Comme boisson, il y a _____ vin, ______ bière et ______ eau minérale.
3. Je prends ______ coca.
4. Tu ne veux pas ______ café ?
5. Mon père achète ______ viande.
6. Tu aimes ______ poisson ?
7. Mes amis mangent ______ bœuf et _______ agneau.
8. Vous voulez _____ fruits ou ______ gâteau ?
9. Tu as ______ chance !
10. Nous avons _______ travail.

III. 다음 질문에 부정문으로 답하시오.

1. Est-ce que vous prenez du thé ?

–

2. Est-ce qu'il y a de l'eau ?

–

3. Vous aimez la viande ?

–

4. Vous avez un dictionnaire ?

–

5. Est-ce que c'est une tablette ?

–

6. Est-ce que ton frère aime le chocolat ?

–

7. Est-ce qu'on mange du poisson cru ?

–

8. Tu veux un dessert ?

–

9. Ce sont des photos de mariage ?

–

10. Vous voulez du sucre dans votre café ?

–

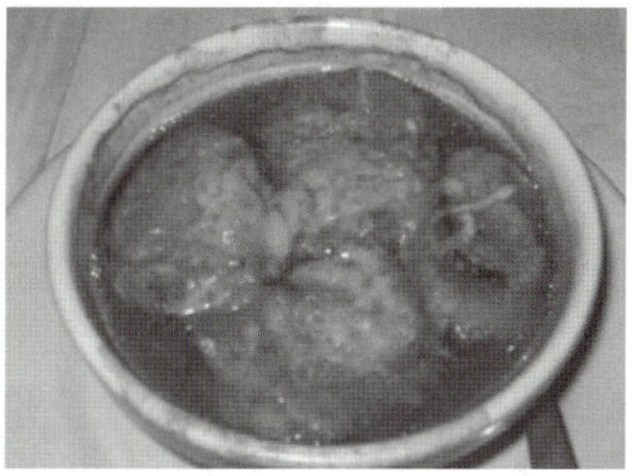

La soupe à l'oignon

Le steak-frites

❖ 프랑스의 식문화 : la convivialité

너른 목초지, 비옥한 농지, 숲 등의 지형적 조건과 농사에 적합한 기후 덕분에 프랑스에는 식재료가 풍부하고 다양하다. 16세기 말부터 이탈리아에서 프랑스 왕실로 식사 에티켓 문화가 전파되고 여러 가지 향신료가 전해져 요리법과 서비스의 수가 많아졌으며, 이는 20세기 초 오귀스트 에스코피에(Auguste Escoffier, 1846-1935)의 저서를 통해 프랑스 정통 요리법으로 체계화되기 시작했다.

2010년 프랑스의 식사 문화(Le repas gastronomique)가 유네스코 무형문화재에 등재되었다. 유네스코에 등재된 공식 자료에 따르면 프랑스인들의 식사는 '개인이나 집단이 인생의 중요한 시점 즉 출생, 생일기념, 만남이나 성공 등을 축하하기 위해 갖는 사회적 관습'이다. 식사는 구성원이 한 자리에 모여 축하의 말을 나누고, 함께 맛있는 음식을 즐기는 데에 의미를 둔다. 아울러 함께 먹을 음식의 메뉴를 신중히 정하고 가장 신선하고 적합한 토속 식재료를 선택하며, 음식에 맞는 포도주를 정성 들여 고르고, 식탁을 차리는 모든 과정에서 즐거움과 삶의 기쁨을 맛보는 것에 의미를 두는 것이 프랑스 식문화의 특징이라고 할 수 있다.

❖ 프랑스의 토속음식

En Bretagne : la crèpe bretonne	En Lorraine : La quiche lorraine

En Bourgogne : le bœuf bourguignon	En Gascogne : le cassoulet

En Côte d'Azur : la salade niçoise	En Côte d'Azur : la bouillabaisse

MEMO

Leçon 13

Visiter un musée

미술관 관람하기

DIALOGUES

Dialogue 1

- Tu connais l'histoire du musée ?
- Non.
- C'est un musée national ouvert en 1986. C'est une ancienne gare. Tu vois la grande horloge là-bas ?
- C'est vrai. Elle est très jolie. Le musée a une belle lumière naturelle !
- Il y a une collection importante d'art occidental, de 1848 à 1914.
- Il y a des impressionnistes, n'est-ce pas ?
- Oui. Mais il y a aussi des sculptures et des beaux meubles.

Dialogue 2

- Où sont les salles des impressionnistes ?
- Elles sont au niveau supérieur. On va passer par là.
- On peut prendre des photos des œuvres ?
- Oui mais sans flash. Les œuvres sont précieuses. Il faut faire attention. Et il ne faut pas toucher.
- Bien sûr.
- Voici les peintures de Monet. Et à côté, il y a les peintures de Van Gogh.
- C'est passionnant de voir les œuvres en vrai !

LES MOTS DU DIALOGUE

une histoire 역사, 이야기
une lumière 빛
un art 기술, 기법, 예술
un impressionniste 인상주의화가
une sculpture 조각
un meuble 가구
une salle 방, 실
une photo = une photographie 사진
un flash 플래쉬
une œuvre 작품
l'attention 조심, 주의 (faire attention 주의하다)
une peinture 회화

national, nationale 국가의, 국립의
occidental, occidentale 서양의
ouvert, ouverte 열린, 공개한
joli, jolie 예쁜, 귀여운
important, importante 중요한
passionnant, passionnante 열정적인, 아주 재미있는
vrai, vraie 실제의, 사실의 (en vrai 실물로)
précieux, précieuse 귀중한, 소중한
ancien, ancienne 옛날의, 오래된
naturel, naturelle 자연의, 자연적인

connaître 알다
falloir ~해야 하다, ~이 필요하다
toucher 만지다

de ~ à ~ ~부터 ~까지
n'est-ce pas ? 안 그래요?
là 저기에 (par là 저쪽으로)
sans ~ 없이
bien sûr 물론이죠, 당연하죠
à côté (de) (~의) 옆에

connaître
Je connais
Tu connais
Il connaît, elle connaît
Nous connaissons
Vous connaissez
Ils connaissent, elles connaissent

falloir
Il faut

GRAMMAIRE

❖ 비인칭 구문 Il faut

Il faut + 동사원형 : ~ 해야만 한다

Tu es malade. Il faut aller chez le médecin.

J'ai des devoirs. Il faut finir ce soir.

Qu'est-ce qu'il faut faire pour être en forme ?

Il faut bien manger. Et il faut faire du sport.

Il faut + 명사 : ~이 필요하다

Qu'est-ce qu'il faut pour préparer le déjeuner ?

Il faut du poisson, de la salade et des fruits.

Il faut un micro-onde.

❖ 미술관 및 공공장소에서 쓰이는 용어

l'entrée (f.) 입구

la sortie 출구

l'accueil, la réception, l'information 안내데스크

le plan 지도

le billet 표, la billetterie 매표소

la sortie de secours 비상구

les toilettes 화장실

l'ascenseur 엘리베이터

la salle d'exposition 전시실

le niveau, l'étage (m.) 층

le sens de visite 관람방향

Interdit de fumer = Ne pas fumer 금연

Interdit de toucher = Ne pas toucher 만지지 마시오

l'exposition temporaire 기획전시

l'exposition permanente 상설전시

la collection 소장품

▼ Exposition temporaire du musée d'Orsay

▲ Exposition permanente du musée du Louvre

EXERCICES

I. 다음 동사를 알맞게 변화시키시오.

1. Je __________ souvent mes amis. (voir)
2. Vous _________ prendre des photos. (pouvoir)
3. On ne ________ pas l'histoire. (connaître)
4. Il ___________ respecter les règles. (falloir)
5. Il y _________ des peintures et des sculptures. (avoir)
6. Vous _________ ce musée ? (connaître)
7. Le musée _______ ouvert à Noël. (être)
8. Sophie et Thierry __________ leurs parents ce soir. (voir)
9. Vous _________ attention aux marches. (faire)
10. Mes parents _________ visiter les musées en France. (vouloir)

II. 다음 표지판을 보고 비인칭 구문을 활용하여 적합한 문장을 만드시오.

Il faut suivre la sortie de secours.		

❖ 파리의 미술관과 박물관

	Le musée du Louvre L'art de l'Antiquité méditerranéenne L'art français et européen du Moyen Âge au début XIXe siècle
	Le musée d'Orsay L'art français et européen de 1848 à 1914
	Le musée national d'art moderne (le Centre Pompidou) L'art moderne et contemporain des XXe et XXIe siècles

	 Le musée du quai Branly Les arts et civilisations d'Afrique, d'Asie, d'Océanie et des Amériques
	 Le musée national des Arts asiatiques - Guimet

MEMO

Leçon 14

Faire les courses

시장 보기

DIALOGUES

Dialogue

(Au marché)

- Bonjour, monsieur. Comment allez-vous ?
- Très bien, merci. Qu'est-ce que vous désirez, aujourd'hui ? Des pommes ?
- Oui, je voudrais un kilo de pommes et un kilo d'oranges, s'il vous plaît.
- Voilà. Avec ça ?
- C'est tout. Ça fait combien ?
- Ça fait 6 euros 50.
- Voilà. Bonne journée !
- À vous aussi, bonne journée !

(Au supermarché)

- Bon, je vais faire un gâteau au chocolat pour mon anniversaire.
- Qu'est-ce qu'il faut acheter ?
- Il faut acheter de la farine, du beurre, du lait, des œufs, du chocolat et du sucre.
- Je viens de prendre un paquet de farine. Et je vais chercher un paquet de sucre. Tu vas prendre une douzaine d'œufs, un litre de lait et 200 g de beurre ?
- OK. Ah ! Il faut aussi une tablette de chocolat !
- Et des bougies !
- Bien sûr !

LES MOTS DU DIALOGUE

une pomme 사과 une orange 오렌지 un euro 유로, 1유로 une journée 하루시간 un supermarché 슈퍼마켓 un gâteau 케잌 un chocolat 초콜릿 un anniversaire 생일 la farine 밀가루 le beurre 버터 le lait 우유 un œuf 계란 le sucre 설탕 une bougie 초, 양초 un kilo 킬로, 1킬로 un litre 리터, 1리터 un paquet 팩, 1팩 une douzaine 12개 세트 1묶음 une tablette (작은 네모) 판, 태블릿 tout 모두, 모든 것 acheter 사다, 구입하다	**acheter** J'achète Tu achètes Il achète, elle achète Nous achetons Vous achetez Ils achètent, elles achètent

GRAMMAIRE

❖ 근접과거 : venir 동사의 현재형 + de + 동사원형 (조금 전에 막 ~ 했어요)

Je viens de manger.

Il vient de lire un journal.

Nous venons de regarder un film.

Cf. venir + de + (장소) 명사 : ~로부터 오다. de는 출발지를 나타낸다.

Mon ami vient de Paris.

Vous venez d'où ?

– Je viens de Corée.

Cf. venir + 원형동사 : ~ 하러 오다

Sophie vient chercher ses parents à la gare.

Tu viens voir un film avec moi ?

FORMULES UTILES

❖ 가격 묻고 답하기

C'est combien ? 얼마예요 ?
– C'est un euro.

Combien ça coûte ? 가격이 얼마입니까 ?
– Ça coûte deux euros.

Ça fait combien ? 다해서 얼마예요 ?
– Ça fait dix euros cinquante.

C'est cher !
C'est très [trop] cher !
Ce n'est pas cher !
Les pommes sont bon marché.

❖ 헤어질 때 인사 (2)

다음 명사들은 모두 지속되는 시간대를 나타내며, 형용사 bon/bonne를 붙여 즐거운 시간 보내라는 기원의 의미를 표현한다.

Bonne matinée ! 즐거운 아침시간 보내세요 !
Bonne journée ! 즐거운 하루 보내세요 !
Bon après-midi ! 즐거운 오후 보내세요 !
Bonne soirée ! 즐거운 저녁시간 보내세요 !
Bonne nuit ! 안녕히 주무세요, 잘 자요 !
Bon week-end ! 주말 잘 보내요!
Bonnes vacances ! 방학(휴가) 잘 보내세요!

❖ 양을 나타내는 표현

➢ 단위 명사 + de + 무관사명사

복수는 단위명사에만 적용한다.

un kilo de pommes

quatre tranches de jambon

un litre de lait

une bouteille d'eau

un paquet de farine

un paquet de café

une douzaine d'œufs

une douzaine d'huitres

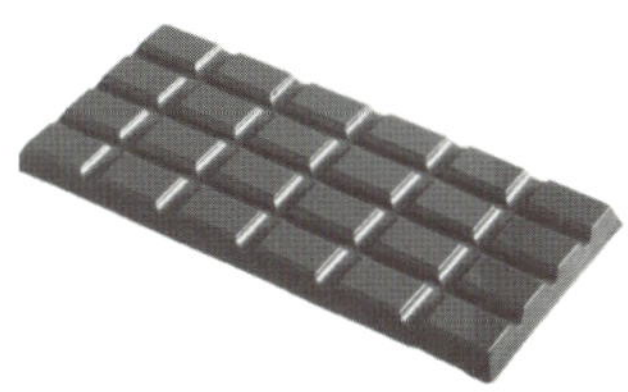

une tablette de chocolat

un verre d'eau

une tasse de café

➢ 기타 양의 표현

un peu de (약간의) + 무관사명사

assez de (충분한)

beaucoup de (많은)

trop de (너무 많은)

Je vais prendre un peu de café.

Nous avons assez d'argent pour manger.

Vous avez beaucoup de courage !

Les étudiants ont trop de devoirs.

EXERCICES

Ⅰ. 다음 문장을 근접과거로 바꾸시오.

1. Marie et moi déjeunons à la cafétéria.

→

2. On regarde un superbe film.

→

3. Je prends du café au lait et du croissant.

→

4. Mes amies étudient le français.

→

5. Tu consultes la météo ?

→

Ⅱ. 다음 문장을 해석하시오.

1. Tu viens chercher ton ami à l'aéroport ?

2. Moi, je viens de Séoul.

3. Céline vient de faire du sport.

4. Vous venez au cinéma avec moi ?

5. Je viens de téléphoner à mes parents.

III. 다음 물건의 가격을 묻고 답하시오.

Au marché

La cerise : 6 € le kilo

Les haricots verts : 2,35 € le kilo

La poire : 2,10 € le kilo

Le saumon : 17 € la pièce

Le fromage : 35 € le kilo

CULTURE

❖ 프랑스에서 장보기 (Faire les courses en France)

Au marché
(www.lefigaro.fr)

Au supermarché, à l'hypermarché
(www.lesecho.fr)

À l'épicerie

À la boulangerie, à la pâtisserie
(www.petitscommerces.fr)

À la boucherie, à la charcuterie
(www.petitscommerces.fr)

À la poissonnerie
(www.petitscommerces.fr)

À la fromagerie

MEMO

Leçon 15

Consulter un médecin

진료 보기

DIALOGUE

Dialogue

(Chez le médecin)

- Bonjour, docteur.
- Bonjour, je vous écoute...
- J'ai mal à la tête et j'ai le nez bouché.
- Vous toussez ?
- Oui, je tousse un peu et j'ai froid.
- Vous avez de la fièvre ?
- Non, je n'ai pas de fièvre.
- Je vais vous examiner. Respirez... Encore une fois. Ouvrez la bouche. Vous êtes enrhumé. Je vous donne une ordonnance. Est-ce que vous êtes fatigué en ce moment ?
- Oui, j'ai beaucoup de travail.
- Vous dormez bien ?
- Non, je ne dors pas bien. Et je suis stressé.
- D'abord, prenez les médicaments et reposez-vous bien.
- Merci, docteur.
- Je vous en prie.

LES MOTS DU DIALOGUE

un médecin 의사
docteur 의사선생님
le mal 고통, 아픔
une tête 머리
un nez 코
une bouche 입
le froid 추위, 한기
la fièvre 열
une fois 한 번, 1회
une ordonnance 처방전
un moment 순간
un travail 일, 작업
un médicament 약

bouché, bouchée 막힌
enrhumé, enrhumée 감기에 걸린
fatigué, fatiguée 피곤한
stressé, stressée 스트레스 받은

écouter (주의해서) 듣다
tousser 기침하다
examiner 검토하다, 진찰하다
respirer 숨쉬다, 호흡하다
donner 주다
ouvrir 열다
dormir 자다

un peu (de) 약간(의)
beaucoup (de) 많이 (많은 양의)
en ce moment 지금, 요즘

ouvrir

J'ouvre
Tu ouvres
Il ouvre, elle ouvre
Nous ouvrons
Vous ouvrez
Ils ouvrent, elles ouvrent

dormir

Je dors
Tu dors
Il dort, elle dort
Nous dormons
Vous dormez
Ils dorment, elles dorment

FORMULES UTILES

❖ 몸 상태를 나타내는 표현

➢ 건강한 상태

Je suis en forme.

Je suis en bonne santé.

➢ 몸이 안 좋은 상태

Je suis fatigué(e). 피곤해요.

Je suis malade. 아파요. 병났어요.

Je suis enrhumé(e). 감기 걸렸어요.

J'ai pris froid. 감기 걸렸어요. 한기가 들었어요.

Je suis grippé(e). 독감에 걸렸어요.

J'ai mal au dos. 허리가 아파요.

J'ai de la fièvre. 열이 있어요.

Je tousse. 기침을 해요.

❖ avoir + 무관사명사

avoir chaud 덥다 : Vous avez chaud ? – Oui, j'ai chaud. / Non, je n'ai pas chaud.

avoir froid 춥다

Cf. '날씨가 덥다, 춥다' 표현에서는 비인칭 주어를 사용한다.

Il fait chaud en été et il fait froid en hiver.

avoir faim 배고프다

avoir sommeil 졸리다

avoir peur (de) (~이) 두렵다, 무섭다

avoir raison ~가 옳다 : Vous avez raison.

avoir tort ~가 틀리다 : Et j'ai tort.

avoir mal à + 신체부위명사 ~가 아프다 (아래 신체부위 참고)

❖ 신체부위

une tête 머리	une gorge 목구멍
un cheveu, des cheveux 머리카락	une poitrine 가슴
un visage 얼굴	un ventre 배, 복부
un œil, des yeux 눈	un dos 등
un nez 코	un bras, des bras 팔
une bouche 입	une main, des mains 손
une langue 혀	un doigt, des doigts 손가락
une dent, des dents 치아	une jambe, des jambes 다리
une lèvre, des lèvres 입술	un pied, des pieds 발
un cou 목	

➢ 문장 속에서 신체부위는 대부분 정관사를 사용한다.

Où avez-vous mal ?

– J'ai mal à la tête, à la gorge et au dos.

– J'ai mal aux dents.

– J'ai [un peu / très] mal au ventre.

J'ai les cheveux longs et bruns.

Ton visage est très pâle. Tu es malade ?

☞ Comment vous sentez-vous ? Où avez-vous mal ?

EXERCICES

I. 다음 빈칸에 들어갈 표현을 골라 넣으시오.

à la – au – aux

1. Tu as mal _______ tête ?
2. Mon père a mal _________ ventre.
3. Ma sœur a mal _______ dents.
4. J'ai mal _______ gorge.
5. Vous n'avez pas mal _______ pieds ?

II. 괄호 안의 동사를 알맞은 형태로 변화시키시오.

1. Est-ce que tu ________ bien en ce moment ? (dormir)
2. Je suis malade et je _______ un médecin. (consulter)
3. Le professeur ________ la porte. (ouvrir)
4. Le médecin _________ une ordonnance. (donner)
5. Vous ________ bien les médicaments. (prendre)
6. Je _________ à la maison. (se reposer)
7. Tu ________ de l'exercice ? (faire)

❖ 프랑스의 의료시스템 (Le système de santé en France)

프랑스의 의료시스템은 치료(le soin de santé)와 의료보험(l'assurance maladie) 두 가지로 이루어지는데, 치료는 공립이나 사설의료기관에서의 질병치료를 의미하며, 의료보험에는 사회보장(la sécurité sociale)에서 담당하는 공공의료보험과 민간보험이 포함된다.

➢ 의료보험제도 (L'assurance maladie)

사회보장제도의 일환으로 국민의 건강문제에서 발생하는 비용의 대부분을 국가가 부담하는 제도로, 1948년 인권선언에서 국가의 의무로 지정되었다. 근로자는 급여에서 의료보험비를 원천 징수한다. 최저소득 대상자는 CMU (la Couverture Médicale Universelle), 근로소득이 전혀 없는 사람은 PMU (la Protection Universelle Maladie)의 혜택을 받을 수 있다. 의료보험은 내국인과 외국인(체류증소지자)의 제한없이 모두에게 적용된다. 2017년 5월1일부터 일반의의 진료비는 25유로이다. 의료보험에 가입되어 있을 경우 진료비 계산 시, 약 처방 시 바로 적용된다.

➢ 프랑스 응급 의료구조 서비스 SAMU (le Service d'aide médicale urgente)

지역권에서 담당하여 운영하는 응급의료지원 시스템으로 프랑스 전국에서 전화번호 15번으로 긴급 도움을 요청할 수 있다.

➢ 응급 가정방문의사 SOS MEDECINS

지역이나 시에서 운영되는 왕진서비스로 콜센터에 전화하여 증상을 말하면 서비스에 가입된 의사가 집으로 왕진을 온다. 주말이나 공휴일, 밤늦은 시간에 병원에 가지 못하는 상황에서 도움을 받을 수 있다.

➢ 의료분야 로고

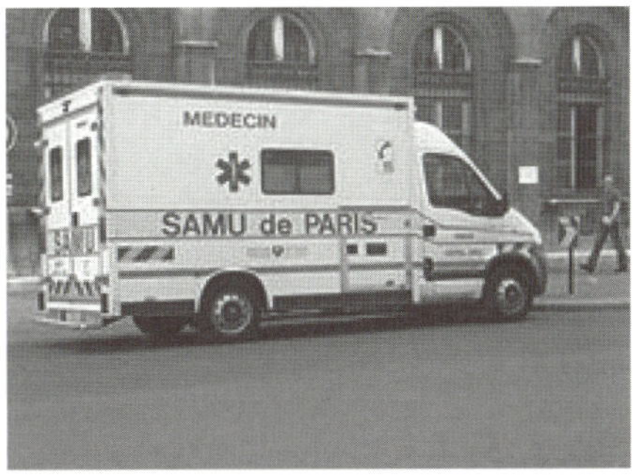

15

SAMU 긴급전화번호

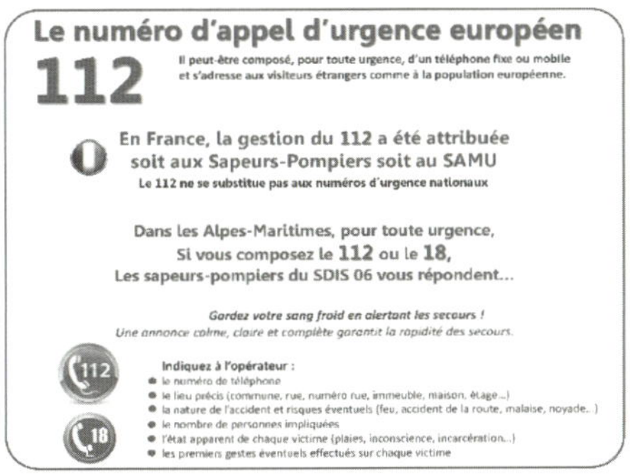

Le numéro d'appel d'urgence européen

112 Il peut-être composé, pour toute urgence, d'un téléphone fixe ou mobile et s'adresse aux visiteurs étrangers comme à la population européenne.

En France, la gestion du 112 a été attribuée soit aux Sapeurs-Pompiers soit au SAMU

Le 112 ne se substitue pas aux numéros d'urgence nationaux

**Dans les Alpes-Maritimes, pour toute urgence,
Si vous composez le 112 ou le 18,
Les sapeurs-pompiers du SDIS 06 vous répondent...**

Gardez votre sang froid en alertant les secours !
Une annonce calme, claire et complète garantit la rapidité des secours.

Indiquez à l'opérateur :
- le numéro de téléphone
- le lieu précis (commune, rue, numéro rue, immeuble, maison, étage...)
- la nature de l'accident et risques éventuels (feu, accident de la route, malaise, noyade...)
- le nombre de personnes impliquées
- l'état apparent de chaque victime (plaies, inconscience, incarcération...)
- les premiers gestes éventuels effectués sur chaque victime

18

유럽긴급번호 112, 프랑스 소방서 18

SOS MÉDECINS

동사변화표 Tableau de conjugaison [직설법 현재]

être	**avoir**	**aller**
Je suis Tu es Il est, elle est Nous sommes Vous êtes Ils sont, elles sont	J'ai Tu as Il a, elle a Nous avons Vous avez Ils ont, elles ont	Je vais Tu vas Il va, elle va Nous allons Vous allez Ils vont, elles vont
aimer	**préférer**	**s'appeler**
J'aime Tu aimes Il aime, elle aime Nous aimons Vous aimez Ils aiment, elles aiment	Je préfère Tu préfères Il préfère, elle préfère Nous préférons Vous préférez Ils préfèrent, elles préfèrent	Je m'appelle Tu t'appelles Il s'appelle, elle s'appelle Nous nous appelons Vous vous appelez Ils s'appellent elles s'appellent
manger	**commencer**	**finir**
Je mange Tu manges Il mange, elle mange Nous mangeons Vous mangez Ils mangent, elles mangent	Je commence Tu commences Il commence Elle commence Nous commençons Vous commencez Ils commencent elles commencent	Je finis Tu finis Il finit, elle finit Nous finissons Vous finissez Ils finissent, elles finissent
faire	**voir**	**venir**
Je fais Tu fais Il fait, elle fait Nous faisons Vous faites Ils font, elles font	Je vois Tu vois Il voit, elle voit Nous voyons Vous voyez Ils voient, elles voient	Je viens Tu viens Il vient, elle vient Nous venons Vous venez Ils viennent, elles viennent

partir	sortir	dormir
Je pars Tu pars Il part, elle part Nous partons Vous partez Ils partent, elles partent	Je sors Tu sors Il sort, elle sort Nous sortons Vous sortez Ils sortent, elles sortent	Je dors Tu dors Il dort, elle dort Nous dormons Vous dormez Ils dorment, elles dorment
prendre	**vouloir**	**pouvoir**
Je prends Tu prends Il prend, elle prend Nous prenons Vous prenez Ils prennent, elles prennent	Je veux Tu veux Il veut, elle veut Nous voulons Vous voulez Ils veulent, elles veulent	Je peux Tu peux Il peut, elle peut Nous pouvons Vous pouvez Ils peuvent, elles peuvent
suivre	**connaître**	**ouvrir**
Je suis Tu suis Il suit, elle suit Nous suivons Vous suivez Ils suivent, elles suivent	Je connais Tu connais Il connaît, elle connaît Nous connaissons Vous connaissez Ils connaissent Elles connaissent	J'ouvre Tu ouvres Il ouvre, elle ouvre Nous ouvrons Vous ouvrez Ils ouvrent, elles ouvrent
falloir	**pleuvoir**	**neiger**
Il faut	Il pleut	Il neige

이미지 출처

1. 본문에서 별도의 출처를 밝히지 않은 파리 관련 이미지의 저작권은 필자에게 있음을 밝힌다.
2. Wikipedia, Wikimedia Commons에서 가져온 이미지 사진은 다음의 공용 라이선스 규정에 따르며, 이미지에 변형을 가하지 않았음을 밝힌다. [Creative Commons Attribution-Share Alike 3.0 Unported ; Creative Commons Attribution-Share Alike 4.0 International]

2과 프랑스행정지도 https://commons.wikimedia.org/wiki/File:Regions_France_2016.svg (Monsieur Fou)

2과 프랑스지형지도 https://commons.wikimedia.org/wiki/File:600x600_GMT_France_topo-R1.jpg (GNU Free Documentation License)

3과 파리행정구역 https://commons.wikimedia.org/wiki/File:Paris_plan_jms.png (The Promenador, GNU Free Documentation License)

6과 도표1 https://www.lefigaro.fr/conso/2014/08/28/05007-20140828ARTFIG00276-en-2014-les-francais-vont-depenser-moins-de-600-euros-en-loisirs.php

6과 도표2 https://www.bonjourdefrance.com/exercices/parler-de-ses-activites,-de-ses-loisirs.html

7과 국경일 퍼레이드 https://commons.wikimedia.org/wiki/File:14_juillet_2019_%C3%A0_Paris.jpg (Enap communication)

7과 갈레트 https://commons.wikimedia.org/wiki/File:Galette_des_rois_exemple.jpg

7과 니스 카니발 https://commons.wikimedia.org/wiki/File:Roi_du_Carnaval_de_Nice_2019.jpg (Punx)

8과 프랑스 기후 https://fr.wikipedia.org/wiki/Climat_de_la_France#/media/Fichier:France_climats_carte_2010.png (Monsieur Fou)

9과 소르본 예배당 https://commons.wikimedia.org/wiki/File:P1300734_Paris_V_place_de_la_Sorbonne_rwk.jpg (Mbzt)

12과 크레프 https://fr.wikipedia.org/wiki/Cr%C3%AApe?wprov=srpw1_0#/media/Fichier:Aumoniere.jpg (Jbdrm)

12과 카술레 https://fr.wikipedia.org/wiki/Fichier:Cassoulet_de_Carcassone.jpg (Juan Emilio Prades Bel)

12과 니스식 샐러드 https://fr.wikipedia.org/wiki/Salade_ni%C3%A7oise#/media/Fichier:Salade_niçoise_001.jpg (Arnaud25)

12과 부이야베스 https://commons.wikimedia.org/wiki/File:Bouillabaisse_07.jpg (Arnaud25)

14과 식료품점 https://commons.wikimedia.org/wiki/File:%C3%89picerie_Izrael_en_2012.jpg (Piero d'Houin dit Inocybe)

14과 프로마주전문점 https://commons.wikimedia.org/wiki/File:Cheese_store.jpg (Myrabella)